中央财经大学博士学位论文文库

国际垂直专业化、技术创新与中国制造业升级研究

International Vertical Specialization, Technological Innovation and China's Manufacturing Upgrading

王 尧 著

中国财经出版传媒集团

中国财政经济出版社

图书在版编目（CIP）数据

国际垂直专业化、技术创新与中国制造业升级研究／王尧著．—北京：中国财政经济出版社，2017.9

（中央财经大学博士学位论文文库）

ISBN 978-7-5095-7716-5

Ⅰ.①国… Ⅱ.①王… Ⅲ.①制造工业-产业发展-研究-中国 Ⅳ.①F426.4

中国版本图书馆 CIP 数据核字（2017）第 213850 号

责任编辑：陈志伟　　　　　　　　责任校对：张　凡

中国财政经济出版社出版

URL：http：//www.cfeph.cn

E-mail：cfeph@cfeph.cn

（版权所有　翻印必究）

社址：北京市海淀区阜成路甲 28 号　邮政编码：100142

营销中心电话：88190406　北京财经书店电话：64033436　84041336

北京财经印刷厂印刷　各地新华书店经销

787×1092 毫米　16 开　11.75 印张　184 000 字

2017 年 9 月第 1 版　2017 年 9 月北京第 1 次印刷

定价：39.00 元

ISBN 978-7-5095-7716-5

（图书出现印装问题，本社负责调换）

本社质量投诉电话：010-88190744

打击盗版举报热线：010-88190414　　QQ：447268889

序

　　制造业是一国经济发展和综合实力提升的支柱性产业，改革开放后，通过吸引外商直接投资和加工贸易，中国制造业逐渐嵌入国际分工中，促进了我国制造业的飞速发展。随着经济全球化的深入，国际分工的模式发生了深刻变化，表现为同一产品的连续不同生产环节分布在不同的国家进行生产并通过中间品贸易联结在一起，这种生产分散化和市场一体化统一的分工模式就是国际垂直专业化。20世纪90年代，这种新型国际分工模式迅速发展，成为当代国际分工的主流模式。国际垂直专业化为中国制造业发展带来了契机，通过嵌入国际垂直专业化体系中，中国制造业有了很大的发展，技术创新能力有了一定的提升，整体实力明显增强，产业结构有所改善，成为世界制造大国，但是我国在获得国际垂直专业化带来的巨大经济利益的同时，也面临一些不容忽视的风险或负面效应，如资源短缺、环境污染、技术创新能力低、生产要素成本上升、发达国家跨国公司对产业的技术和市场控制等，导致中国制造业被锁定在价值链低端环节。如何在国际垂直专业化体系中趋利避害，减少国际经济形势变化对制造业的不利影响，利用国际垂直专业化促进中国制造业技术创新能力的提升，从而突破价值链的低端锁定，实现制造业由低附加值价值链环节向高附加值价值链环节的攀升是当前急需解决的问题。制造业升级又是一个系统性复杂的问题，影响因素众多，牵涉面极广，需要政府、企业、研究机构、行业协会等各方面的协调，所以中国的制造业升级无法一蹴而就，需要做好全面的长期准备。在国际垂直专业化背景下，研究中国制造业升级具有现实意义。

　　本书以国际垂直专业化对制造业技术创新的影响以及国际垂直专业化和技术创新对制造业升级的影响为主线，以技术创新为研究视角，分析了国际垂直专业化背景下，中国制造业从价值链的低附加值环节向高附加值环节升级的问题。首先，通过构建一些评价指标对中国制造业发展现状进行统计，从而总结出中国制造业发展的特点和存在的问题；其次，利用非竞争型投入产出表计算国际垂直专业化指数以测度中国制造业参与国际垂直专业化的程度并进行国际比较，在此基础上分析国际垂直专业化对中国制造业技术创新的作用机制，国际垂直专业化和制造业技术创新能力对制造业升级的作用机制及可能影响制造业升级的主要因素，并通过建立计量经济模型，利用一些评价指标多角度和分行业实证检验了国际垂直专业化对中国制造业技术创新能力的影响及国际垂直专业化和技术创新对制造业升级的影响；最后，提出在国际垂直专业化背景下促进中国制造业升级的对策建议。

通过研究得出的主要结论有：

1. 中国制造业在产业规模和结构、对外贸易额、进出口商品结构、产业国际竞争力方面都取得了较大的成就，但仍然存在许多尚未解决的关键性问题。例如效率低，结构不合理，技术创新能力薄弱，国际竞争力较弱，利用外资质量不高，对外投资发展滞后等。

2. 中国制造业参与国际垂直专业化的动因主要有：跨国公司战略调整、亚洲"四小龙"的示范效应、中国制造业发展瓶颈。从世界范围来看，中国制造业参与国际垂直专业化的程度较低，但近些年参与程度不断加深。其中，高技术制造业的国际垂直专业化水平较高并呈上升趋势，低技术制造业专业化水平较低且呈下降趋势。

3. 国际垂直专业化具有正向技术溢出效应，溢出渠道主要是外商直接投资（简称 FDI）和中间品进出口。国际垂直专业化对中国制造业技术创新能力具有促进作用，但对不同行业的影响存在差异。例如，从创新产出角度来说，国际垂直专业化对劳动密集型制造业和技术密集型制造业的技术创新能力的影响不显著，但对资本密集型制造业的技术创新能力具有显著的促进作用。

R&D 资本投入是制造业企业提升创新能力的关键因素，企业要重视研发活动，同时也要注意顶尖人才的储备，不仅要培养人才，更要关注如何留住人才和吸引海外高端领域人才回流。另外，制造业企业也要注意吸引外商直接投资和其他领域的投资，为创新活动提供足够的配套设备和基础设施等。

制造业企业的吸收能力（R&D 资本投入和人力资本）显著影响了国际垂直专业化技术溢出的效果，对技术创新具有正向促进作用。

4. 国际垂直专业化对中国制造业总体和分行业的升级具有阻碍作用，但是技术创新对制造业升级具有显著的促进作用。本书认为中国制造业参与国际垂直专业化，确实会使制造业陷入分工陷阱，"锁定"在价值链的低附加值环节；然而技术创新能力的提升能够使企业突破核心技术封锁，实现价值链攀升，所以我们应该积极促进制造业技术创新能力的提升，在一定程度上有利于制造业企业突破价值链的低端锁定。

5. 在制造业价值链升级过程中，拥有核心技术是关键，核心技术一方面可以通过企业长期技术积累，加上企业不断地研发投入实现，另一方面可以依靠企业自身所具有的能力和资源进行的创新活动而实现。因此，一方面我们仍要积极融入国际垂直专业化分工体系中，提升制造业的技术创新能力，逐步提升制造业价值链地位；另一方面要特别注意企业自主创新能力的培养，减少对跨国公司技术的依赖，政府也要发挥对制造业升级的宏观指导作用。

目 录

第一章 导 论　　　　　　　　　　　　　　　　　　　　1
　第一节　研究背景和问题提出　　　　　　　　　　　　1
　第二节　理论意义与现实意义　　　　　　　　　　　　6
　第三节　研究思路、内容及研究方法　　　　　　　　　8
　第四节　研究重点、难点及可能的创新之处　　　　　　10

第二章 文献综述　　　　　　　　　　　　　　　　　　13
　第一节　国际垂直专业化理论的研究综述　　　　　　　13
　第二节　国际垂直专业化与发展中国家产业升级的研究综述　20
　第三节　国际垂直专业化与发展中国家技术创新的研究综述　24

第三章 中国制造业发展现状及存在的问题　　　　　　　28
　第一节　中国制造业发展现状　　　　　　　　　　　　28
　第二节　中国制造业发展的国际比较　　　　　　　　　61
　第三节　中国制造业发展中存在的问题　　　　　　　　69

第四章 中国制造业参与国际垂直专业化的状况　　　　　74
　第一节　中国制造业参与国际垂直专业化的动因　　　　74
　第二节　中国制造业参与国际垂直专业化的主要方式　　77
　第三节　中国制造业参与国际垂直专业化的程度及国际比较　84

第四节　国际垂直专业化下中国制造业的发展机遇与风险　　99

第五章　国际垂直专业化与中国制造业技术创新能力提升　　103

第一节　中国制造业技术创新的现状　　103

第二节　国际垂直专业化对中国制造业技术创新的作用机制　　112

第三节　国际垂直专业化与中国制造业技术创新的实证检验　　116

第六章　国际垂直专业化、技术创新与中国制造业升级　　136

第一节　国际垂直专业化和技术创新对中国制造业升级的作用机制　　137

第二节　国际垂直专业化下中国制造业升级的影响因素　　139

第三节　国际垂直专业化、技术创新与中国制造业升级的实证检验　　142

第七章　主要结论与对策建议　　152

第一节　主要结论　　152

第二节　促进中国制造业升级的对策建议　　155

第三节　研究展望　　162

参考文献　　164

致　　谢　　179

第一章
导 论

第一节 研究背景和问题提出

一、研究背景

随着经济全球化的发展，国际分工模式也在不断发生着变化：早期的国际分工模式是以发达国家和发展中国家之间的产业间分工为主；20世纪70年代末国际分工模式转变为以发达国家之间的产业内分工为主；20世纪90年代后，国际分工模式又有了巨大的变化，表现为产品不同生产阶段和环节跨越国界的产品内分工模式，这种分工模式可以发生在发达国家之间、发展中国家之间，也可以发生在发达国家与发展中国家之间，这种国际分工模式被称为"国际垂直专业化"。Hummels 等（2001）认为，国际垂直专业化是指特定产品的生产过程被分割为多个连续的、不同的生产阶段或生产环节，分布于不同的国家或地区，不同生产阶段之间依靠中间品进出口实现生产分散化和市场一体化的统一，从而形成了一个全球性的生产网络，原有的国际分工格局发生了重大的变化，这种新型国际分工形式无论从分工的规模还是从分工的层次上都超越了以往的国际分工形式。

在国际垂直专业化体系中，特定产品不同生产环节的要素密集度性质存在差异，根据比较优势理论，劳动密集型环节应由劳动力充裕国家生产（发展中国家），资本和技术密集型环节应交给在资本和技术上具有比较优势的国家生产（发达国家），从而将产品生产环节置于不同的国家。这种资源的全球配置效应将世界多数国家纳入其分工网络，各个国家在这种分工结构中所扮演的角色直接决定其在经济全球化中所获得的机会与利益。在这种新型国际分工模式下，发展中国家可以凭借其在资源和劳动力要素上的比较优势参与到国际垂直专业化体系中，获取相应的分工利益。

根据全球价值链理论，产品内国际分工价值链上的附加值分布不均匀，其中价值链两端的附加值最高，即研发设计和品牌营销环节，而中间的组装加工环节附加值最低，这种中间低两端高的 U 型附加值曲线被称为"微笑曲线"。在国际垂直专业化中，发达国家跨国公司进行全球资源配置的方式主要有两种：一种是跨国公司内部垂直一体化分工，即以 FDI 方式在东道国建立子公司或合资公司进行生产；另一种是国际外包，即跨国公司主要从事产品研发设计和营销环节的生产，而将产品的组装加工环节以契约形式外包给发展中国家。由于跨国公司内部垂直一体化分工模式节省了交易成本和风险成本，因而有利于跨国公司获得竞争优势，并且如果跨国公司是在发展中国家进行直接投资，则一方面跨国公司会直接带来资金和技术，另一方面跨国公司对子公司的技术转移也会产生外溢效应，从而有利于发展中国家相关产业的技术进步和产业升级。在国际外包模式中，发达国家获取了高附加值环节的垄断利润，而发展中国家由于劳动力和资源禀赋的优势，并且出于发展本国经济和提高技术水平的考虑，自愿参与到发达国家跨国公司主导的国际垂直专业化体系中。在这个过程中，虽然发展中国家可以参与到一些高技术产品的生产过程，从而积累技术和资本，提高技术水平和促进产业升级是在涉及产品核心技术环节时，发达国家为了维护竞争优势而对产品的核心技术进行保护，导致发展中国家企业难以突破核心技术而被长期锁定于价值链的劳动密集型低附加值环节。并且跨国公司在发展中国家投资建厂，主要动因之一是利用发展中国家的资源能源优势发展粗放型的加工工业，这会导致发展中国家资源消耗和环境污染的压力日益增大，不利于产业升级和经济可持续发展的目标。国际垂直专业化对发展中国家产业升级所产生的不同效应得到了学者们的关注，成为近几年学术界研究的热点问题之一。

改革开放初期，中国确立了以吸引外商直接投资和鼓励加工贸易为主的产业发展政策，使中国制造业逐渐嵌入到国际垂直专业化中。最早是东部沿海地区企业凭借其所拥有的地理位置，劳动力和自然资源以及国家的优惠政策，以代工身份参与到国际垂直专业化体系中,承接来自跨国公司的产业转移和外包订单,从而使以资源和劳动密集型的制造业得到了迅速成长。随着改革开放的逐步推进,中国制造业参与国际垂直专业化的广度和深度都在不断提升,从广度上来说,中国制造业参与产品内国际分工的范围不断扩大,特别是一些资本和技术密集型产品的生产,例如精密仪器、手机、电脑等;从深度上来说,中国制造业参与国际垂直专业化的程度不断上升,学者们通常用垂直专业化指数来反映一国或产业参与国际垂直专业化的程度,经计算,中国制造业的垂直专业化指数从1995年的12.29%上升至2005年的21.32%,累计增长了73.47%,虽然低于新兴经济体和部分先进经济体,但在发展中经济体中排名靠前[1]。中国制造业参与国际垂直专业化的主要形式是加工贸易,从20世纪80年代初开始至今,中国加工贸易发展迅猛。经统计,1981—2012年这30余年间,除了2009年受金融危机影响进出口额有所减少外,加工贸易进出口总额从1981年的26.35亿美元上升至2012年的13439.52亿美元,增长了510余倍,年均增长率达到21.51%[2]。中国加工贸易的迅速发展在一定程度上体现了中国制造业积极参与到国际垂直专业化体系中。同时,加工贸易的发展也促进了制造业的迅速发展,从而带动了整个国民经济增长,缓解国内就业压力和提高财政收入。例如,1998—2011年间,中国制造业工业增加值的年均增长率为18.33%,而同期GDP的年均增长率为13.1%,制造业成为带动中国经济高速增长的"发动机"[3]。

二、问题提出

本书以国际垂直专业化下,中国制造业从价值链低附加值环节向高附加值环节升级为主要研究对象是出于以下考虑:

(一)国际垂直专业化下中国制造业发展中存在的问题

随着中国制造业参与国际垂直专业化的程度不断提高,制造业取得了很大的发展,整体实力明显增强,结构有所改善,国际竞争力也进一步增强。21世纪以来,我国的服装、鞋帽、箱包、玩具、冰箱、电视等产品的产量和销售

---

[1] 中国制造业参与国际垂直专业化程度的测算方法和结果见第四章。
[2] 中国制造业加工贸易进出口总额的计算结果详见第四章。
[3] 工业增加值和GDP的年均增长率都以当年价为基础计算。

量稳居世界第一。根据世界银行 WDI 数据库，2010 年中国制造业工业增加值首次超过美国成为世界第一，我国因此也获得了"世界制造工厂"的美誉。但是我国在获得国际垂直专业化所带来的巨大经济利益的同时，也面临一些不容忽视的风险或负面效应，如资源短缺、环境污染、技术创新能力低、生产要素成本上升、发达国家跨国公司对产业的技术封锁和市场控制等。中国改革开放 30 年的经济发展已经证明脱离国际分工体系，独立于国际经济系统之外发展中国制造业是不现实的。要想规避风险和降低负面影响，在国际垂直专业化中占据价值链的中高端，就需要与世界制造强国展开技术竞争，特别是核心技术竞争。不仅如此，还需要与制造强国争夺全球营销网络和定价权，这要求提升制造业技术创新能力，调整制造业产业结构，实行制造业的升级。因此有必要对国际垂直专业化与中国产业技术创新能力和产业升级进行系统分析，以期能趋利避害，更好地促进中国制造业升级。

（二）国际经济形势变化对中国制造业产生的不利影响

2008 年爆发的国际金融危机导致世界各国经济出现不同程度的衰退，全球经济短期内难以再现上一轮高速增长的景象，实现复苏可能需要一个漫长曲折并且艰难复杂的过程。对我国而言，由于世界消费需求的减少，中国制造业出口导向型和粗放式发展模式受到较大冲击，表现为：制造业出口总额下降、外商直接投资减少、就业压力增大等。

国际金融危机的爆发，使世界各国认识到实体经济的重要性，人们从狂热的虚拟经济逐步回归到以制造业为代表的实体经济。一些主要发达国家提出了"再工业化"战略，以改善供需结构和增加本国就业，争取早日实现经济复苏。"再工业化"战略短期内的一个重要表现是贸易保护主义重新抬头。例如，2012 年前三个季度，中国制造业出口产品遭遇国外贸易救济调查涉案金额达 243 亿美元，较上年同期增长 7 倍多。贸易保护措施日趋多样化，例如，购买本国货条款成为一些国家刺激经济的策略之一。长期来看，"再工业化"策略是指依靠技术创新，发展以环保、节能为代表的高附加值、高技术含量的产业。如果发达国家抢先掌握了产业核心技术能力，就会由于技术垄断而拥有市场定价权，这将会对中国制造业的国际竞争力产生严重冲击。

为了避免或减少国际金融危机对中国制造业的不利影响，中国制造业需要改变以资源和劳动力比较优势为基础的经济增长方式，依靠技术创新和产业升级提升制造业的国际竞争力。

(三) 技术创新是实现制造业升级的核心推动力

世界各国纷纷以科技创新带动产业升级。例如，近两年在制造业领域出现的"3D打印技术"和"3D打印机"便是一种新型高端技术和技术装备，利用该技术装备可以改变传统制造业的生产方式，降低成本、提高生产率，并且可以广泛应用于制造业各领域，提升创新能力。英国《经济学人》杂志有关文章认为：3D打印技术未来的发展将使大规模的个性化生产成为可能，这将会带来全球制造业经济的重大变革。另外，近几年各国重点发展的战略性新兴产业也只有依靠技术创新才能够实现。战略性新兴产业是金融危机后，各国为了摆脱危机束缚，恢复经济增长而提出的发展战略。战略性新兴产业的发展离不开新兴技术的支持，必须依靠科技创新，并将创新成果与新兴产业发展深度融合，从而带动产业升级和经济发展方式转变，成为一国的主导产业。战略性新兴产业不仅能够带动经济的快速发展，而且符合发展"低碳"经济的要求，体现了经济可持续发展的目标。当前，培育和发展战略性新兴产业成为了各国抢占新一轮经济发展制高点的主要手段。因此，我国的制造业升级也必须依靠技术创新才能实现。

(四) 国际垂直专业化促进中国制造业技术创新能力的提升

国际垂直专业化下，中国制造业技术创新能力提升的机制主要有：一是利用国际垂直专业化的技术溢出效应。在跨国公司主导的垂直专业化分工链条中，中间产品多是一些技术含量较高的零部件和半成品，国内企业进口这样的中间品，在加工组装过程中会逐渐积累技术知识，并且跨国公司出于产品质量的考虑，会主动为国内企业提供技术和人员培训等活动，进而提高企业的技术创新能力；二是出口中的学习效应，在国际垂直专业化下，中间产品经加工后以中间品或最终产品的形式出口，中间产品在出口时会受到国外企业对产品的质量要求、国内环保标准等的限制，为了符合国外进口商的要求，国内生产商要积极提高技术水平，从而提升技术创新能力。

鉴于以上考虑，在国际垂直专业化体系中，为了趋利避害，减少国际经济形势变化对制造业的不利影响，如何利用产品内国际分工的技术溢出机制促进中国制造业技术创新能力提升，实现制造业升级，这是我国当前急需解决的重要问题。综上所述，本书试图解决以下几个问题：

1. 中国制造业发展的特点是什么？存在哪些问题？

2. 中国制造业参与国际垂直专业化的程度，与其他国家和地区相比处于怎样的分工位置？

3. 国际垂直专业化对中国制造业技术创新能力提升的影响机制？国际垂直专业化是否有利于中国制造业技术创新能力的提升？

4. 国际垂直专业化和技术创新对制造业升级的影响机制？参与国际垂直专业化是否有利于中国制造业实现从低附加值环节价值链向高附加值环节价值链的攀升？

第二节 理论意义与现实意义

改革开放初期，我国通过吸引外商直接投资和发展加工贸易，使中国制造业逐渐嵌入到国际分工体系中。20世纪90年代以来，国际分工体系有了巨大的变化，即国际垂直专业化成为国际分工的主流模式。国际垂直专业化使国际分工深入到产品层面，通过将特定产品不同生产阶段分散到不同国家和地区进行专业化生产，使各国在产品层面上发生联系，经济全球化得到深入发展。而对我国来说，随着改革开放的逐步推进，中国制造业参与国际分工的范围和程度都在不断扩大和上升，特别是进入21世纪，我国传统制造业企业以国际代工的身份融入到国际垂直专业化中，获得了巨大的分工利益，制造业得到了迅猛发展，表现为制造业增加值、收入、利润、就业等规模总量的快速增加。为了实现企业的经济利益，传统制造业企业参与国际垂直专业化的程度不断深入，表现为制造业加工贸易出口额的快速增长和中间投入品在一般贸易出口额中的比重不断上升。

受国际经济形势的不利影响以及国内转变粗放型经济发展方式的要求，中国制造业升级是当前我国面临的一个急需解决的重点问题，但是制造业升级又是一个系统性复杂的问题，影响因素众多，牵涉面极广，需要政府、企业、研究机构、行业协会等各方面的协助，所以中国的制造业升级无法一蹴而就，需要做好全面的长期准备。另外，研究我国的制造业升级不能闭门造车，应在国际垂直专业化背景下，研究这种分工模式对中国制造业升级的影响，以及制造业升级的路径选择等。所以，在国际垂直专业化背景下，研究中国制造业升级，既有理论上的必要性，也有现实指导意义。

一、理论意义

（一）可以深刻认识国际垂直专业化下中国制造业升级的内涵和路径，了解中国制造业升级的内在机理和影响因素，了解制造业技术创新能力提升机制，对丰富产业升级和技术创新理论具有重要的理论意义。同时将价值链升级概念与国际垂直专业化结合起来研究，对丰富国际垂直专业化理论也具有重要的理论意义。

（二）随着国际垂直专业化日益成为国际分工的主流，许多学者开始关注中国参与国际垂直专业化的经济效应。大多数的研究都是关于国际垂直专业化对贸易、就业与工资及产业竞争力等的研究，或是只研究国际垂直专业化对技术扩散或产业升级的研究，而很少有将三者放在一起进行分析的研究成果。所以在国际垂直专业化背景下，探讨技术创新和制造业升级机制和路径，对丰富和完善国际垂直专业化理论具有重要的理论意义。

二、现实意义

（一）制造业是提高一国经济实力和综合国力的核心产业。了解中国制造业参与国际垂直专业化的程度和在分工中的地位，通过实证分析制造业升级的影响因素，从而提出相应的对策建议，对整个国民经济发展具有现实的指导意义。

（二）无论是从国内经济持续发展的角度，还是从国际竞争角度来说，中国实现制造业升级势在必行，而技术创新是实现制造业升级的关键途径，所以在国际垂直专业化背景下，研究技术创新能力的提升机制和影响因素，对于突破制造业的价值链锁定，实现产业升级，具有重要的现实指导意义。

第三节 研究思路、内容及研究方法

一、研究思路

本书以国际垂直专业化对制造业技术创新的影响以及国际垂直专业化和技术创新对制造业升级的影响为主线,以技术创新为研究视角,分析了国际垂直专业化背景下,中国制造业从价值链的低附加值环节向高附加值环节升级的问题。本书首先通过构建一些评价指标对中国制造业发展现状进行了描述性统计,从而总结出中国制造业发展的特点和存在的问题;其次,利用非竞争型投入产出表计算国际垂直专业化指数以测度中国制造业参与国际垂直专业化的程度并进行了国际比较,在此基础上分析国际垂直专业化对中国制造业技术创新的作用机制,国际垂直专业化和制造业技术创新能力对制造业升级的作用机制及可能影响制造业升级的主要因素,并通过建立计量经济模型,利用一些评价指标多角度、分行业实证检验了国际垂直专业化对中国制造业技术创新能力的影响及国际垂直专业化和技术创新对制造业升级的影响;最后提出了在国际垂直专业化背景下促进中国制造业升级的对策建议(如图1-1所示)。

二、研究内容及框架

本书共分七章:

第一章是导论。介绍了研究背景及选题来源,研究的理论意义与现实意义,研究思路、研究内容及研究方法,研究的重点、难点和创新点。

第二章是相关研究的文献综述。分别对国际垂直专业化理论,国内外有关国际垂直专业化对发展中国家技术创新的影响,国际垂直专业化下发展中国家产业升级内涵和路径,国际垂直专业化对发展中国家产业升级的影响等相关文献进行了系统梳理,并对现有研究成果进行简单评价,提出国际垂直专业化下中国制造业升级的路径是从价值链低附加值环节向高附加值环节的攀升。

第三章通过对制造业规模、制造业结构、对外贸易发展和制造业国际竞争

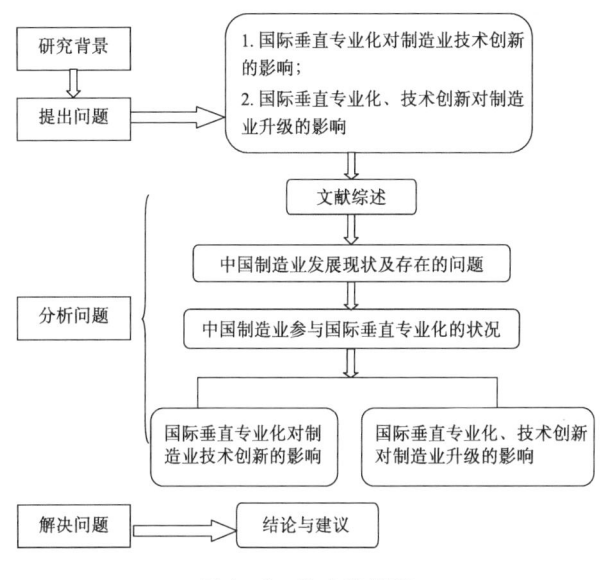

图 1-1 技术路线图

力相关评价指标的计算，对中国制造业发展现状进行了描述性统计，并对中国制造业的就业人数、雇员工资、工业增加值和全员劳动生产率进行了国际比较，最后在经验分析基础上总结中国制造业发展存在的问题。

第四章分析了中国制造业参与国际垂直专业化的动因和主要方式，并利用经济合作与发展组织（以下简称 OECD）的非竞争型投入产出表测算了中国制造业和世界主要先进经济体、新兴市场以及发展中经济体的制造业参与国际垂直专业化的程度并进行了国际比较，以判断中国制造业在国际垂直专业化中的大致位置。同时为了比较不同国家参与国际垂直专业化程度的发展变化情况，又根据欧盟的世界投入产出表（简称为 WIOD）测算了 1995—2011 年中国和世界其他国家（包括 27 个欧盟成员国和 12 个主要的非欧盟成员国）连续 17 年的制造业总体和分行业的国际垂直专业化指数，以判断中国参与国际垂直专业化程度的变化趋势并进行了国际比较，还分析了国际垂直专业化下中国制造业的发展机遇和可能的风险。

第五章首先分析了中国制造业技术创新的现状，包括创新投入和创新产出两个方面；其次分析了国际垂直专业化对中国制造业技术创新能力的作用机制；最后分别从创新投入和创新产出两个角度，利用多个技术创新评价指标实证检验了国际垂直专业化对中国制造业总体和按要素密集度类型以及按参与国际垂直专业化程度划分的制造业分行业技术创新的影响,并对制造业企业的吸收能力(主要是 R&D 资本强度和人力资本)进行了实证检验。

第六章首先分析国际垂直专业化和技术创新对中国制造业升级的作用机制以及影响制造业升级的主要因素,包括:国际垂直专业化水平、制造业技术创新能力、人力资本、物质资本、制度环境;其次通过建立计量模型实证检验了国际垂直专业化和技术创新能力对中国制造业总体和分行业价值链升级的影响。

第七章首先对本书的研究成果进行归纳总结,其次提出促进中国制造业升级的对策建议,最后指出本书的研究局限和今后的研究方向。

三、研究方法

本书拟采用的研究方法有:

(一)理论研究与实证分析相结合。结合国际贸易学、产业经济学和技术创新领域的相关理论对国际垂直专业化对制造业技术创新的影响机制进行理论分析。并在技术创新产出模型 $Y = Af(K, L)$ 基础上,分别从技术创新投入、创新产出和吸收能力角度建立计量经济模型,进行实证检验。

(二)投入产出法。在对中国制造业参与国际垂直专业化程度进行测度时,分别利用 OECD 和 WIOD 非竞争型投入产出表计算了制造业总体和分行业的国际垂直专业化指数,并将中国制造业总体和分行业的国际垂直专业化指数与世界不同经济体进行了比较,以大致判断中国制造业总体和分行业目前在国际垂直专业化中所处的位置和发展变化情况。

(三)国际比较分析方法。在分析描述中国制造业发展现状时,将中国制造业的发展情况与世界其他国家进行了比较,从而总结中国制造业在发展中存在的问题。

第四节 研究重点、难点及可能的创新之处

一、研究重点

(一)利用非竞争型投入产出表计算中国制造业总体和分行业的国际垂直

专业化指数，以测度中国制造业总体和分行业参与国际垂直专业化的程度并与部分先进经济体、新兴市场和发展中经济体进行国际比较，从而了解目前中国制造业嵌入国际垂直专业化的程度，并大致判断其所处的分工地位。

（二）从理论上分析国际垂直专业化对中国制造业技术创新能力提升的作用机制，通过构建计量模型和相关变量的衡量指标，以中国制造业为样本实证检验国际垂直专业化对中国制造业技术创新能力的影响，并对结果进行分析。

（三）分析国际垂直专业化与技术创新对中国制造业升级的作用机制，通过构建计量模型和相关变量的衡量指标，从实证上检验国际垂直专业化和技术创新对中国制造业总体和分行业升级的影响，并对实证结果进行分析。

（四）针对制造业如何突破国际垂直专业化的价值链低端锁定，实现产业升级提出对策建议。

二、研究难点

（一）本书在对中国制造业发展现状和技术创新现状进行评价时，以及对利用非竞争型投入产出表测度中国制造业总体和分行业的国际垂直专业化指数并进行国际比较时，数据的收集、整理比较繁琐，导致工作量较大。

（二）国际垂直专业化对中国制造业总体和分行业升级影响的实证分析中，有些指标的数据缺失或者难以获得，并且统计口径不一致。相关指标较难构建，所以难以更好地进行评价。例如，产业升级指标、技术创新能力指标等。

（三）由于企业、产品和加工贸易的数据难以获得，所以对产业增加值率的计算和国际垂直专业化指数的计算存在缺陷。

三、创新之处

（一）研究视角具有新意

本书分析了国际垂直专业化的技术溢出效应，并从技术创新视角研究了国际垂直专业化对制造业价值链升级的影响以及促进制造业升级的对策建议。现有文献关于国际垂直专业化对我国经济影响的研究多是从经济增长、就业、工资、技术进步的角度分析，较少研究其对产业升级的影响；已有文献对我国产业升级的研究多是从产业间或产业内升级角度分析，较少从全球价值链角度研究产业的价值链升级，并且较少在国际垂直专业化背景下研究其对中国制造业价值链升级的影响。

（二）确定和计算了制造业发展和技术创新的评价指标以及测度国际垂直专业化指数，使得研究更加系统全面

本书利用一系列评价指标对中国制造业发展现状（制造业结构、对外贸易发展、国际竞争力），中国制造业技术创新现状（R&D 资本投入和 R&D 人员投入、专利申请数和新产品销售收入）进行描述性分析，从而得出中国制造业的发展特点和存在的问题，使得分析更加系统全面。本书利用 WIOD 投入产出表，计算了 1995—2011 年包括中国在内的世界 40 个国家和地区的制造业总体和分行业的国际垂直专业化指数，并分别对制造业总体和分行业进行了国家间的纵向比较（以国际垂直专业化指数的平均值为评价指标）和时间上的横向比较（以趋势图的形式表示）。

（三）多角度、分行业检验了国际垂直专业化对制造业技术创新的影响

本书分别从创新投入、创新产出、吸收能力角度利用多个技术创新评价指标实证检验国际垂直专业化分工对制造业技术创新的影响，并根据制造业参与国际垂直专业化分工的程度将制造业行业分为三类，分别是参与程度低、中、高的制造业行业，在此基础上进行分行业检验。

第二章
文献综述

第一节 国际垂直专业化理论的研究综述

从早期的发达国家与发展中国家之间的产业间分工，到发达国家之间的水平型分工即产业内分工，再到当前的发达国家与发展中国家之间产品内的垂直型分工，可以说，随着国际分工形式的演进，全球各个国家之间的联系日益紧密，经济全球化程度不断加深。这种联系方式改变了传统的国际贸易模式和性质，具体体现为国家之间在产品生产过程中的紧密联系，一种产品的生产过程可以分为几个或多个连续的生产阶段，每个国家仅从事其中某个阶段的生产，通过中间产品的进出口，不同国家之间形成了垂直型的分工链和贸易链。例如，苹果手机的研发设计阶段在美国本部，一些关键零部件制造和供应分布在美国、中国、德国、爱尔兰、日本、韩国、中国台湾、泰国、新加坡等多个国家和地区，而装配环节主要是在中国完成的（刘戒骄，2011）。例如，中国的富士康企业主要就是为苹果手机提供代工制造。这种新型国际分工和贸易形式，称为"垂直专业化"（Vertical Specialization）（Balassa, 1967; Findlay, 1978; Hummels、Ishii and Yi, 2001 等）。

对于国际垂直专业化这种新型国际分工方式，国内外学者从不同的角度进行了大量的理论和实证研究，这些研究主要分为三个领域：早期学者们主要是对国际垂直专业化产生的动因进行理论探索；随着研究的广泛深入，学者开始采用不同的方法和数据测度出口中的垂直专业化比重，以判断一国参与国际垂直专业化的程度；近些年，学者们较多关注国际垂直专业化对发展中国家劳动力就业和工资收入、产业竞争力、技术扩散、技术进步和产业升级等方面的影响，采用的方法主要是实证分析。由于本书的研究目的是分析国际垂直专业化对中国制造业技术创新和制造业升级的影响，所以主要对前两个研究领域的相关结论进行文献综述。但在这之前，首先对所研究的国际垂直专业化的含义进行界定。

一、国际垂直专业化的内涵

对于国际垂直专业化，学者们基于不同的研究视角和目的，进行了大量的研究。在相关的研究中，也使用了不同的术语表示国际垂直专业化，例如，价值链切片（Krugman，1995）、外包（Feenstra and Hanson，1997）、生产非一体化（Feenstra，1998）、碎片化生产（Jones 和 Kierzkoeski，1990；Deardorff，1998）、多阶段生产（Dixit 和 Grossman，1982）、产品内分工（Arndt，2001）等。目前，文献研究中经常使用的关于垂直专业化的术语主要有：产品内国际分工、国际生产分割、国际外包和国际垂直专业化。其中，产品内国际分工通常指的是跨国公司根据比较优势原则，将特定产品的多个连续生产环节分散到各个国家或地区进行专业化生产。国际外包一般是针对发包国而言，强调发包国企业将产品的某些生产环节外包给国外的一些企业生产，再由发包国企业进口这些中间产品用于生产最终产品。国际垂直专业化是指多个国家参与特定产品的多个连续生产阶段。这些术语在实际研究中经常交替使用，并没有对其内涵进行严格区分。

为了便于测度出口贸易的国际垂直专业化程度，Hummels、Ishii 和 Yi（2001）对垂直专业化的含义给出了特定的解释，指一国利用进口的中间品生产最终品或阶段性产品，再将这些产品出口到另一个国家。图 2-1 简单阐释了国际垂直专业化过程。首先，国家一生产中间投入品然后出口到国家二，图中 A 表示国家二的进口即国家一的出口；其次，国家二利用进口的中间品以及本国资本、劳动力和国内中间品生产最终品，图中的 B 和 C 分别代表资本和劳动力、国内中间品投入；最后，国家二将最终品一部分出口到国家三，一部分用于国内销售，图中 D 表示国内销售，E 代表出口。

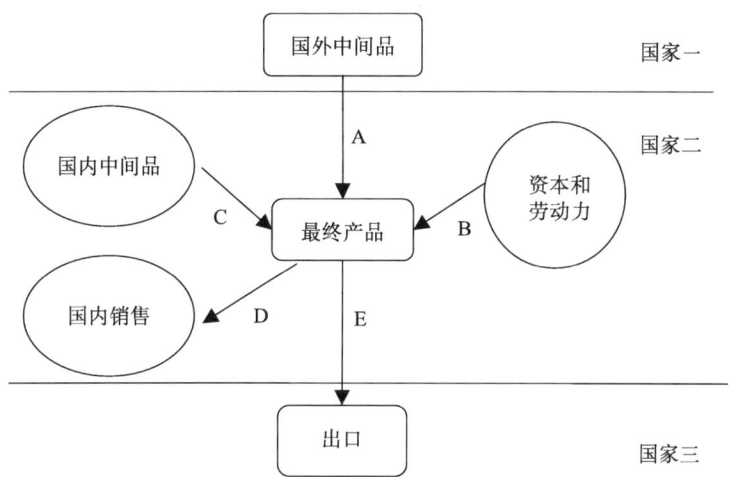

图 2-1 国际垂直专业化示意图

注：根据 Hummels et al.（2001）整理。

由于学术界在研究国际垂直专业化的经济效应时，多是采用 Hummels et al.（2001）的解释，所以本书中笔者也按照 Hummels et al.（2001）的解释来定义垂直专业化。即必须符合以下三个条件才能称为国际垂直专业化：第一，产品必须包含两个以上的连续生产环节；第二，有两个以上的国家参与了产品生产并提供了价值增值；第三，参与生产的国家或地区在生产中必须使用进口中间品并出口一部分产成品。

二、国际垂直专业化的动因

国内外学者主要是在两个不同的理论框架下进行动因研究：一是在国际贸易理论的框架下进行分析，主要是将传统比较优势理论和以规模经济为代表的新贸易理论用于对国际垂直专业化的解释；二是在产业组织和契约理论框架下的研究，主要研究跨国公司在内部垂直一体化生产和外包之间的选择依据，如交易成本大小、契约的完备性等。除此之外，还有一些学者通过研究发现贸易成本降低、技术进步等因素也会促进国际垂直专业化的产生。下面，本节对不同的研究框架进行简单综述。

（一）国际贸易理论框架下的分析

首先，国际垂直专业化产生的初期阶段，学者们主要是从比较优势理论解释分工产生的动因,认为在产品的生产过程可以被分割成若干阶段的情况下,每个阶段的生产过程需要的要素投入是不同的,遵循比较优势的原则,劳动密集型的生产环节应由劳动力丰裕国家生产,而资本和技术密集型的生产环节则应由在资本和技术上具有比较优势的国家生产,从而节约生产成本,提高资源配置效率,提升参与国的贸易利益。理论研究使用的模型一般是李嘉图模型和 H-O 模型 (Arndt, 1997; Venables, 1999; Yi, 2003; Jones 和 Kierzkowski, 2001、2005; Deardorff, 2001、2005; kohler, 2004a、2004b; Grossman 和 Rossi-Hansberg, 2006a、2006b; Baldwin 和 Robert-Nicoud, 2007 等)。

其次,随着研究的深入,学者又从新贸易理论出发对国际垂直专业化的动因进行解释,主要包括规模经济和垄断竞争。从规模经济角度解释国际垂直专业化的动因,认为在产品生产阶段可以分割的情况下,可以针对不同的生产阶段安排生产规模,从而实现规模经济。但是,该分析不能解释产品内分工应该在一个国家内部还是在国家之间进行,所以多数学者在解释国际垂直专业化的动因时将规模经济和比较优势结合起来研究 (Ishii 和 Yi, 1997; 卢锋, 2004 等)。另外,有些学者也从垄断竞争角度进行解释,认为外国企业在中间投入品生产领域的优势会通过市场竞争效应使得国内企业放弃生产,转而向外国企业购买中间投入品,从而降低国内企业的生产成本 (Chen、Ishikawa 和 Yu, 2004)。

(二) 产业组织理论框架下的分析

在国际贸易理论框架下,学者们集中在从国家和产业层面研究国际垂直专业化的动因,而缺少企业层面的分析。鉴于此,一些学者将国际贸易理论、产业组织理论和契约理论结合起来,在企业层面解释国际垂直专业化产生动因。在该研究框架下,企业为了获得某种中间投入可以有两种选择:一是以 FDI 形式在东道国的子公司进行内部生产并出口;二是以契约形式进行国际外包,主要是以进口中间投入为主。这两种方式是国际垂直专业化的主要实现形式。学者们的研究主要集中于分析企业在垂直一体化生产和国际外包之间的选择问题 (McLaren, 2000; Antràs, 2003; Antràs 和 Helpman, 2004; Grossman 和 Helpman, 2005)。在理论研究的过程中,学者们提出了多种能够影响企业产权组织模式选择的因素。McLaren (2000),Grossman 和 Helpman (2005) 提出了市场厚度在企业产权组织模式选择时的重要性,市场厚度的增加,即市场上中间投入的生产者或供给者数量增多时，最终产品生产企业更容易找到适当的特定投入生产企业，因而相对于企业内部垂直一体化，企业间的交易成本更低，所以更倾向于选择国际外包。Antràs（2003）指出，企业选择内部一体化分工或是国际外包，主要与进出口国的要素禀赋差异以及中间投入品的要素密集度相关。另外，一些学者通过研究发现，贸易壁垒减少、贸易成本下降、技术进步等因素会促进中间产品的进出口，从而有利于国际垂直专业化的产生（Hummels et al.，2001；Jones 和 Kierzkoiski，1990 等）。

三、国际垂直专业化的测度

国际垂直专业化程度是难以准确度量的，在实证研究中，学者们提出了多个不同的测度方法和数据来源，根据所用的数据的不同来源，目前测度产业层面的国际垂直专业化程度的方法主要有三种：加工贸易法、中间品贸易法和投入产出法。

（一）加工贸易和中间品贸易法

加工贸易法指的是利用国家海关部门提供的加工贸易数据对一国参与国际垂直专业化程度的测度，许多关于国际垂直专业化的实证研究都使用了该方法计算（Swenson，2005；Clark，2006；Helg and Tajoli，2005；Baldone，Sdogati 和 Tajoli，2007；Egger 和 Egger，2001；Lemoine 和 Ünal – Kesenci，2004）。Feenstra 和 Hanson（2005）利用中国加工贸易数据测度了国际外包。

中间品贸易法即利用中间品贸易量衡量国际垂直专业化程度，有关数据显示中间品贸易比最终品贸易更具有活力（Athukorala 和 Yamashita，2006；Jones et al.，2005）。用中间品贸易方法计算的优势是数据较容易获得而且不同国家之间可以相互比较，劣势是该方法依赖于中间品的分类标准。通常中间品是指标准国际贸易分类（SITC）中的第七类（机械和运输设备）和第八类（杂项制品）产品。Yeats（1998）、Ng 和 Yeats（1999）最早利用该方法测度了中间品的国际垂直专业化程度，之后该方法在学术界得到了广泛的运用（Jones、Kierzkowski 和 Chen，2004；Athukorala 和 Yamashita，2006 等）。

（二）投入产出法

投入产出法即利用投入产出表计算国际垂直专业化指数，国际垂直专业化关注总产出、总投入或总出口中的进口中间投入部分，而这些信息可以直接从投入产出表中获得，有时也会利用贸易数据计算进口渗透率作为补充。国际垂直专业化测度的准确性很大程度上取决于产品是否可以进行分割，所以如果产品分类越详细就越能反映出生产链不同环节的特征，并保证该产品确实是另一产品的中间产品。但现实是这些数据是不存在的，因此也无法准确地进行跨国和连续时间的分析。多数情况下，投入产出表只提供了产业部门的数据，并且不能定期更新。

利用投入产出表进行实证研究主要有两种方法。第一种是关注国内产出中来自国外的进口投入部分，方法是计算总产出或总投入中进口投入品所占比重（Feenstra 和 Hanson，1996）。后来该方法经常被用以估计在国际垂直专业化下，国外劳动力替代发达国家低技能劳动力可能会对该就业和工资产生的影响（Feenstra，2007）。第二种是关注出口产品中包含的直接或间接进口投入部分，计算方法最早由 Hummels、Rapoport 和 Yi（1998）；Hummels、Ishii 和 Yi（2001）提出，该方法被称为 HIY 法。该方法的使用条件是某个产品的生产必须在 2 个以上国家进行，并且产品至少要跨越国境两次，即必须要有进口投入，产品一部分必须要出口。Hummels et al.（2001）通过计算 10 个 OECD 国家和 4 个新兴市场国家 1970—1990 年的 VS 指数发现，1990 年这些国家的出口总额中有 21% 来自国际垂直专业化出口，并且在这二十年间垂直专业化出口比例增长了近 30%。Chen、Kondratowicz 和 Yi（2005）在 Hummels et al.（2001）的基础上，又利用 2000 年的 OECD 投入产出表测度了 1970—2000 年美国分别与加拿大和墨西哥的贸易往来，发现在过去三十年里，美国中间品贸易占总贸易的比重并没有增加，但是垂直专业化贸易比重有所上升。还有许多学者在研究中应用了该方法，或者对其稍加变化，结果都表明垂直专业化比重有所增加。例如，Minondo 和 Rubert（2002）对西班牙参与国际垂直专业化程度的测算，Breda、Capparriello 和 Zizza（2008）对意大利和其他 6 个欧盟成员国的垂直专业化程度进行了测度，Zhang 和 Sun（2007）年对中国的测度以及 Chen 和 Chang（2006）对中国台湾地区和韩国的测度。

随着东亚和中国出口贸易的迅猛发展，一些学者开始关注东亚和中国的出口贸易情况，Yeats（2001）、Ng 和 Yeats（2001，2003）测度了中间品在全球和东亚贸易中的比重并进行了比较，发现东亚国家出口贸易中的中间品比重较大。Athukorala 和 Yamashita（2006）发现中国 2003 年的出口贸易中进口中间品所占比重近 1/3，并且在 1992—2003 年之间中国出口增长中近 40% 是因为中间品。Baldwin（2006）提出中国在东亚中间品贸易中的重要性逐渐上升。以上这些文献都是从中间品贸易角度解释中国出口增长现象，较少测度中国参与国际垂直专业化程度。Chen、Cheng、Fung 和 Lau（2004）利用中国的数据计算了中国净出口中用于生产出口产品的进口中间品的价值，但他们只测算了 1995 年 33 个部门的情况。Ping（2005）利用 HIY 方法和中国 1997 年投入产出表计算了中国和 40 个产业部门的垂直专业化比率，但是在计算中间投入时无法分离加工贸易进口额和出口额。Dean、Fung 和 Wang（2008）利用中国的投入产出表，并考虑到中国加工贸易的比重较大，区分了加工贸易出口和一般贸易出口中进口中间品份额，在 HIY 方法上加以改进并计算了中国产业层面的垂直专业化出口比重，发现中国出口增长中的 35% 是归因于进口中间投入增长，某些部门的垂直专业化出口比重甚至超过了 50%，并且呈递增趋势。

国内学者也广泛采用 HIY 方法测算中国参与国际垂直专业化程度，代表性的文献有：刘志彪（2001）、张小蒂（2006）、胡昭玲（2006）、北京大学 CCER 课题组（2006）等。我国学者在计算垂直专业化指数时，采用的投入产出表主要有两种：一是采用我国编制的投入产出表，如北京大学 CCER 课题组（2006）；二是采用 OECD 编制的非竞争型投入产出表，例如，文东伟和冼国明（2009）。两者的区别是，我国的投入产出表是进口竞争型的，没有把中间使用、最终使用以及中间投入区分为国内和进口两部分，因而无法直接获得各部门的进口中间投入数据。鉴于此，CCER 课题组（2006）提出了区分进口中间投入和国内生产的中间投入的假设，即所有部门使用的中间投入中进口所占比重是相同的，并且中间产品部门进口中间投入与国内生产的比例与和最终产品部门中的比例相同。该方法虽然存在主观性，并且没有区分加工贸易进出口和一般贸易进出口，但是在数据缺失情况下，不失为测度中国参与国际垂直专业化分工的一种较为准确的方法，因此，国内许多学者在研究中均应用 CCER（2006）的方法。

从以上研究中可以发现，目前对于中国参与国际垂直专业化程度的测度方法基本是一致的，HIY 的方法相对来说是比较准确和科学的方法。但是，对于测度的数据来源就存在较大的差异。学者们在测度国际垂直专业化程度时主要采用的投入产出表有中国投入产出表和 OECD 投入产出表两类，但是这两个投入产出表都存在较大的限制，使得相关的实证研究存在缺陷。中国的投入产出表是竞争型的，没有区分中间投入品的来源，使得无法直接计算垂直专业化指数（VS 指标），虽然 CCER 课题组提出了两个假说以解决该问题，但主观性较强。另外中国的投入产出表目前只有 1997 年、2002 年、2007 年三年的数据，使得实证研究存在数据缺失的问题，虽然许多学者提出了一些从已知年份推导其他年份的方法，但都不是准确无误的。而 OECD 的投入产出表虽然是非竞争型的，但是存在的问题是数据更新速度太慢，2013 年版的 OECD 投入产出表仍然只有 1995 年、2000 年和 2005 年的数据。OECD 投入产出表的优势是提供了多个国家和地区的投入产出数据，可以进行跨国比较，而弊端是无法进行时间序列的分析，从而无法判断一国 VS 指标的变化趋势。本书在对中国制造业参与国际垂直专业化程度进行测度时，一是采用了国际比较流行的 OECD 的投入产出表计算，并分别与先进经济体和发展中经济体进行比较；二是采用了欧盟的 WIOD 投入产出表进行了测度。WIOD 投入产出表也是非竞争型的，其优势是提供了欧盟 27 个成员国以及 13 个其他主要非欧盟国家的 1995—2011 年连续时间的投入产出数据，弊端则是对于产业部门的分类过于笼统，使得测度的结果也存在失真的问题。但是为了大致判断中国制造业参与国际垂直专业化的程度和所处的位置，本书分别针对两个投入产出表进行了测度，并进行了国家之间的比较，采用 OECD 的目的是可以进行不同国家之间制造业的比较，而利用 WIOD 测度的目的是发现垂直专业化程度的发展变化趋势。

第二节 国际垂直专业化与发展中国家产业升级的研究综述

国际垂直专业化与发展中国家产业升级的研究主要包括产业升级的内涵和路径，对发展中国家产业升级的作用机制和影响等方面。

一、产业升级的内涵

学术界对产业升级的内涵并没有统一的意见。对该问题的研究始于 Gereffi（1999）对东亚服装行业价值链的考察。该研究认为产业升级就是企业由劳动密集型或低利润生产领域转向更具获利能力的资本和技术密集型生产领域的过程，并指出了产业升级的四种表现形式：一是产品层面上的升级，表现为简单产品向复杂产品的升级；二是经济活动层面的升级，表现为向设计、营销等高附加值方向发展；三是产业层面的升级，表现为从最终产品制造向更高附加值的产品和服务生产以及产业链的前后联系发展；四是产业间层面的升级，表现为从低价值劳动密集型产业向高价值的资本技术密集型产业的转化。

吴崇伯（1988）是国内最早讨论产业升级的学者，他对东盟国家产业升级的阐释是产业结构的升级换代，即迅速淘汰资源和劳动密集型轻工业，转向从事资本与技术密集型重化工业，他所认为的产业升级实际上是产业结构升级。张耀辉（2002）对"产业升级"的内涵进行了仔细剖析，指出了产业结构升级这个传统理解的积极意义，但产业升级的真正含义应是高附加值产业替代低附加值产业的过程，并提出产业升级的过程实质上是产业创新与产业替代的过程，而产业创新是产业升级的核心动力。潘悦（2002）研究了由跨国公司直接投资带动的加工贸易对发展中国家产业升级的影响，认为产业升级的内涵不再仅是产业结构调整升级，而且包括了同一产业内部由劳动密集型环节向资本和技术密集型环节的升级，并且发展中国家产业升级呈现出如下阶梯状演进：最终产品的加工、组装生产和出口→零部件的分包生产和出口→中间产品的生产和出口→国外品牌产品的生产和出口（OEM和ODM）→自创品牌的生产和出口。陈羽和邝国良（2009）分别从产业结构调整和价值链升级两个角度分析产业升级，并对两者进行了区分和对比，认为从价值链升级角度解释产业升级更符合国际研究趋势，相对于结构调整思路更加全面和符合实际。朱卫平和陈林（2011）以理论和经验相结合的研究方法对产业升级的内涵进行了深入探讨，认为产业升级的内涵是：低端投入要素价格由于需求刺激上涨，比较优势从土地劳动力等低端要素发展到资本技术等高端要素，导致新兴主导产业不断涌现，而旧主导产业只有通过技术、组织形式和产品升级才能减缓衰退的动态过程。

从以上分析中可以发现，国内学术界对于产业升级涵义的理解主要存在两种：一是认为产业升级等同于产业结构升级，主要存在于早期研究中；二是认为产业升级实质上是价值链的升级，主要出现在全球价值链理论之后。目前，在国际垂直专业化背景下，学术界主要是从全球价值链的角度研究产业升级。基于此，本书也从全球价值链的角度，界定产业升级的内涵，即在国际垂直专业化背景下,产业升级指的是产业由低技术水平、低附加值的价值链环节向高技术水平、高附加值价值链环节的演变过程。从生产性质上,可以理解为从劳动密集型生产环节向资本技术密集型生产环节转变。

二、国际垂直专业化下发展中国家产业升级的路径

目前,由 Humphrey 和 Schmitz (2002) 提出的划分产业升级路径的方法得到了广泛认可。该研究从全球价值链的角度,将产业升级过程划分为四个层次,分别为工艺流程升级、产品升级、功能升级和链条升级。工艺流程升级是指采用更为先进的生产技术,提高生产组织管理能力,使生产过程变得更有效率,具体表现为产出的增加和质量的提高。产品升级是指通过引入新产品或改进已有产品的功效,使同一产业中企业所生产的产品由低层次的简单产品转向复杂精细的高端产品,同时不断研发新产品,实现比对手更快的质量提升,扩充和增加产品市场份额。功能升级是指改变企业自身在价值链中各环节所处位置,具体表现为提升其在价值链中的地位,专注于价值增值高的环节,放弃或者外包低价值增加的活动。通常的做法是进行从委托加工到贴牌生产再到自有品牌创造的转换,即 OEM (Original Equipment Manufacturing)——ODM (Original Design Manufacturing)——OBM (Original Brand Manufacturing) 被看作是功能升级的基本路径。链条升级是指企业从一个产品领域转向另一个产品领域,一般是转向新的、价值量更高的相关产业价值链,从而得到相关或相异产业领域的高收益率。前三种升级方式可以称为产业内升级,而链条升级也可以称为产业间升级。

Humphrey 和 Schmitz (2002) 的产业升级路径是线性升级方式,即先进行产业内升级,当产业内升级达到一定高度时,再进入另一个产业,实现产业间升级。然而根据张其仔(2008)的分析,当产业间升级的技术差距小于产业内的技术差距时,产业间升级相对于产业内升级更容易实现,并且产业间升级也可以带动产业内升级,这种升级方式是非线性升级方式。他进一步研究发现,对于中国等发展中国家来说,产业间升级比产业内升级更容易实现。例如,汽车行业要在产业内实现从 OEM 到 ODM,再到 OBM 的升级,其难度远远大于从汽车行业的 OEM 到电子行业的 OEM。

由于国际垂直专业化是产品不同环节的跨越国境的连续性生产活动,对于参与分工的国家(尤其是发展中国家)来说,产业升级的过程主要体现为从

OEM—ODM—OBM 的功能性升级。基于以上分析，本书从全球价值链角度出发，认为在国际垂直专业化下，发展中国家产业升级的过程主要体现在从价值链的低附加值环节向高附加值环节攀升，即在产业链内部，从简单的组装加工开始，随着资金的增加和技术能力的提高以及劳动力和资源成本的上升，产业开始沿价值链向两端延伸。如果向左边延伸，就是进入生产领域，也就是产品研发、核心零部件设计与生产环节，需要提高技术、组织管理水平等；如果向右边延伸，就是进入营销环节，需要加强市场服务、品牌管理等。这两个方向的升级可以同时进行，这种升级模式也称为价值链升级。

三、国际垂直专业化对发展中国家产业升级的作用机制和影响

（一）国际垂直专业化对发展中国家产业升级的作用机制

Coe et al.（1997）指出，发展中国家在参与国际垂直专业化的过程中，通过不断积累熟练劳动力，可以为其产业提升提供强劲的基础。另外，国际分工和贸易可以促进国内资源和要素的优化配置。

Pack 和 Saggi（2001）曾建立了三阶段竞争模型，从微观角度探讨了发达国家领导厂商对发展中国家供应商进行技术转移的动机。而且其他未能直接接受知识和技术转移的发展中国家企业也可以从技术转移的外部性溢出，即在技术扩散中获益。

Ernst（2005）认为，在国际垂直专业化下，越来越多的企业将原来在企业内部进行的活动外包给外部专业化的供应商，比如与生产相关的供应链管理、客户关系管理等环节。为了使专业化供应商达到技术要求，企业需要将技术和管理知识转移给当地供应商，包括工程、产品和程序开发等，这会促进当地供应商的技术水平和产业升级。

（二）国际垂直专业化对发展中国家产业升级的影响

关于国际垂直专业化对发展中国家产业升级的影响，学术界主要有两种观点：

一种观点是认为发展中国家参与发达国家主导的国际垂直专业化，有利于其获得发达国家先进技术溢出，进而促进发展中国家的产业升级。Gereffi（1999）和 Memedovic（2004）的研究表明，由于国际垂直专业化对一国的资

本和技术禀赋要求较低，只要符合产品生产的某一阶段或环节的要求和生产能力，就可以参与到国际垂直专业化中，尤其是对于发展中国家来说，可以借此快速提升产业结构，实现产业升级。

另一种观点认为发展中国家参与国际垂直专业化有可能会被跨国公司压制在价值链的低端环节，陷入比较优势陷阱，从而不利于产业升级（Lall et al.，2005；刘志彪和张杰，2007；孙景蔚和李淑锦，2008）。持有这一观点的研究认为，发达国家的跨国公司是国际垂直专业化的领导者，在产品生产链中拥有控制地位，而跨国公司为了维护自己的竞争优势，会想尽办法将发展中国家控制在产品生产的加工组装环节，锁定在价值链的低端环节，阻碍发展中国家的产业升级。

以上关于国际垂直专业化对发展中国家产业升级的影响，大部分采用的方法是理论分析和经验研究，较少通过建立计量模型的方法进行实证检验，然而利用实际的产业数据，并考虑其他可能影响产业升级的相关因素，通过科学的统计软件分析得出的结论较前两种方法更为准确可信。因此，本书在国际垂直专业化下研究我国的制造业升级问题，主要是通过建立多元回归模型的方法，并利用制造业样本数据进行实证检验，从而得出符合我国实际的制造业升级结论。

第三节 国际垂直专业化与发展中国家技术创新的研究综述

学术界对于国际垂直专业化对发展中国家技术创新的影响主要存在两种观点：一种是认为发展中国家参与国际垂直专业化会促进其技术创新能力提升；另一种持相反的观点，认为参与国际垂直专业化会阻碍发展中国家的技术创新。

一、国际垂直专业化促进发展中国家技术创新的相关研究

关于国际垂直专业化促进发展中国家技术创新的相关研究，可以分为理论

研究和实证研究两类。理论研究主要是对国际垂直专业化对发展中国家技术创新的作用机制或途径进行研究,实证研究主要是检验国际垂直专业化对发展中国家技术创新的促进作用。

国际垂直专业化的领导者一般是跨国公司,而发展中国家一般是以代工的形式嵌入国际垂直专业化体系中,已有文献对国际垂直专业化对发展中国家技术创新的影响机制的研究主要是从国际垂直专业化的技术溢出机制以及发展中国家企业的吸收能力两个角度进行分析。

Coe 和 Helpman(1995)认为外国研发资本对国内的生产率具有促进作用,并且国家越开放,促进作用就越大,而外国研发资本主要是通过国际贸易渠道进入贸易伙伴国。Coe、Helpman 和 Hoffmaister(1997)在以前研究的基础上,重新对技术溢出模型进行了实证检验,结果再次证明中间产品的进口促进了技术溢出。Ernst(2002)等认为国际垂直专业化体系能够为技术创新和知识传递提供渠道,促进国际技术溢出。发展中国家的企业参与国际垂直专业化体系,可以从发达国家以较低的成本获取产品外观设计的方法,并且能够改善生产技术,对企业的技术创新和产业发展发挥重要作用(Evenson 和 Westphal,1995;Nelson,1993;Romer,1994)。

国内学者从不同衡量指标实证检验国际垂直专业化对中国产业技术创新的影响。张小蒂和孙景蔚(2006)利用生产率指标研究发现,国际垂直专业化对参与国生产率具有正向促进作用。刘海云和唐铃(2009)从国际外包的角度研究其对技术创新的作用,总体来说,国际外包对行业生产率具有促进作用,但是对不同行业的影响存在差异性。国际外包显著促进了高技术、低开放度和规模大的制造业的生产率,而对其他行业的影响不显著。徐毅和张二震(2009)利用投入产出表数据对中国企业的外包行为进行了考察,研究结果表明外包与行业的科研人员占比呈正相关关系,说明外包导致人力资源配置向有利于本土创新的方向发展。赖明勇和袁媛(2005)的研究表明,国内研发投入和人力资本与我国全要素生产率之间存在长期均衡的关系,但是国外研发则由于我国人力资本的吸收能力,对全要素生产率具有一定的滞后效应。谢建国和周露昭(2009)的研究也证实了人力资本吸收能力显著影响了进口贸易的国外技术溢出。除了吸收能力以外,国内研发活动也被认为是影响进口贸易技术溢出的关键因素。符宁(2007)的研究,不仅证实人力资本吸收能力对于进口贸易技术溢出效果的影响,而且也表明国内研发强度吸收能力也会制约进口贸易的技术溢出。

二、国际垂直专业化阻碍发展中国家技术创新的相关研究

在国际垂直专业化生产中，发展中国家将凭借劳动力成本、资源成本与制度成本等方面的优势，通过承接发达国家高技术产品生产中劳动密集型的工序的转移，导致这些国家在高技术产品出口上呈现"爆炸性"增长（Srholec，2007）。但若本土企业仅仅依靠要素禀赋上的优势，将自身局限在价值创造比重较低的工序和环节上，就会陷入创新乏力与低端锁定的困境中（周勤和周绍东，2009）。Buckley（2009）指出，发达国家企业出于满足顾客需求、缓解由于竞争带来的价格下降压力选择离岸外包，但对外包的产品范围做出了明确规定，如对于知识产权保护十分关键的核心环节、对于物流配送要求较为严格的产品、具有高技术含量以及对产地高度敏感的产品等通常被列入不能外包的产品范围。因此，国际垂直专业化在一定程度上限制了大部分发展中国家的发展选择。

国际垂直专业化中跨国公司并不必然为价值链中其他参与者的升级提供帮助，相反，还可能采取技术控制等手段，阻碍发展中国家企业向全球价值链高端环节的攀升。卢福财和胡平波（2008）的研究表明，在跨国公司与中国本土企业博弈关系中，跨国公司的最优选择是对本土企业的价值链升级路径进行封锁，而本土企业如果仅仅依靠自身力量将很难挫败跨国公司的"低端锁定"企图。

卓越和张珉（2008）利用中国纺织业的样本数据实证分析后认为，跨国采购商主导的分工格局和升级控制，将从事加工贸易的中国纺织服装企业锁定在低附加值的加工制造环节，从而陷入"悲惨增长"。本土制造商利润空间的萎缩抑制了技术创新能力的提升。牛卫平（2012）的研究表明，国际外包使承包企业容易产生技术依赖，长期会导致承包企业人才积累缓慢，缺乏创新能力激励，与发包企业之间的技术差距逐渐扩大，最终落入国际外包的陷阱之中。

由以上研究综述可以发现，关于国际垂直专业化对发展中国家技术创新能力的研究，多是采用生产率指标衡量技术创新能力，但事实上，生产率提高并不一定能代表技术创新能力的提升，两者之间存在较大的差距，虽然有些学者也采用了专利数来衡量技术创新能力，但是仅仅依靠单一指标又无法较全面地

进行评价。因此，本书分别从技术创新的投入、创新产出以及吸收能力等多个角度，利用多个指标实证检验了国际垂直专业化低对中国制造业技术创新的影响，使得结果较为科学可信。

另外，有些文献也针对技术创新对国际垂直专业化的影响进行了理论和实证研究，得出的结论基本一致，即技术创新对国际垂直专业化具有正向促进作用。例如，Bartel（2008）利用企业层面的数据，实证分析了技术创新和国际外包之间的关系，结果同样证明技术创新对国际外包具有正向促进作用。张秋菊、朱钟棣（2008）利用中国加工贸易的数据研究发现，长期来看技术创新是促进跨国外包的原因，但短期来看跨国外包是促进技术创新的原因，技术创新不是促进跨国外包的原因。文东伟（2011）在 Hummels 分析框架下，利用包括中国大陆在内的 32 个经济体 18 个制造业行业数据，分析了经济规模、技术创新和垂直专业化分工的关系，实证结果显示技术复杂度越高的行业，垂直专业化水平越高。但是经济规模越大、技术创新能力越强的经济体，垂直专业化水平越低。黄晶（2008）利用 Kai–Mu Yi 两国动态李嘉图垂直专业化模型，将技术创新能力与关税、相对要素成本相结合，研究垂直专业化下的技术创新问题，结果证实技术是垂直专业化的一个重要变量，决定着一国甚至整个世界的垂直专业化比重。董广茂等（2013）从技术溢出视角研究技术创新对产业垂直专业化的影响。该研究结果表明技术创新对产业垂直专业化具有正向促进作用，并且资本和技术密集型行业的技术创新对垂直专业化的影响大于劳动密集型行业。

第三章
中国制造业发展现状及存在的问题

进入21世纪以来,中国制造业取得了极大的发展,整体实力明显增强,结构也有所改善,国际竞争力进一步提升。据UNIDO(联合国工业发展组织)的统计报告显示,2010年中国在世界工业总产值中的份额达到15.3%,美国为24%,日本为14.1%,成为世界第二大工业制造国,同时我国的装备制造业工业生产总值位居世界第一。然而,中国制造业发展还存在许多的问题,例如,基础核心技术缺乏、产品附加值低、制造过程资源和能源消耗大、污染严重等。

第一节 中国制造业发展现状

一、制造业的定义及行业分类

(一)制造业的定义

制造业是指对原材料进行加工或再加工,以及对零部件进行装配的工业部门的总称。一国是否具有高度发达的制造业体系,已经成为衡量一个国家综合国力的重要标志。制造业包括产品制造、设计、原料采购、仓储运输、订单处理、批发经营、零售等环节。考虑到统计数据的可得性,我们对制造业行业的分类是根据我国《国民经济行业分类》(GB/T4754-2002)的分类标准,制造业包括 30 个细分行业。具体如表 3-1 所示。

表 3-1　　　　　　　　中国制造业分行业代码及名称

行业代码	行业名称
13	农副食品加工业
14	食品制造业
15	饮料制造业
16	烟草制造业
17	纺织业
18	纺织服装、鞋、帽制造业
19	皮革、毛皮、羽毛（绒）及其制品业
20	木材加工及木、竹、藤、棕、草制品业
21	家具制造业
22	造纸及纸制品业
23	印刷业和记录媒介的复制
24	文教体育用品制造业
25	石油加工、炼焦及核燃料加工业
26	化学原料及化学制品制造业
27	医药制造业
28	化学纤维制造业
29	橡胶制品业
30	塑料制品业
31	非金属矿物制品业
32	黑色金属冶炼及压延加工业
33	有色金属冶炼及压延加工业
34	金属制品业
35	通用设备制造业
36	专用设备制造业
37	交通运输设备制造业
38	电气机械及器材制造业
39	通信设备、计算机及其他电子设备制造业
40	仪器仪表及文化、办公用品机械制造业
41	工艺品及其他制造业
42	废弃资源和废旧材料回收加工业

注：资料来源于国家统计局。

(二) 制造业行业分类

由于本书主要从技术创新角度分析产业升级，并且目前关于制造业的分类标准比较权威的是OECD从技术层面的划分。因此本文按照OECD对制造业技术层次的划分，将制造业分为低技术行业、中低技术行业、中高技术行业和高技术行业四大类（OECD，2003）[①]。低技术行业包括：行业代码13～24及41、42；中低技术行业包括：25、29～34及37中的船舶制造和修理；中高技术行业包括：26～28、35～36、38及除船舶制造和修理、航空航天器制造外的其他37；高技术行业包括：27、39、40及37中的航空航天器制造。

二、制造业规模

本书主要利用制造业企业数、工业总产值、工业增加值、主营业务收入、利润总额、就业人数等几个主要的经济指标衡量中国制造业规模，以此来间接反映整个制造业的发展概况。考虑到制造业不同行业的发展情况存在较大的差异以及为分析奠定基础，将从制造业总体和分行业两个层面进行分析。以下指标的统计口径均为"全部国有及规模以上非国有工业企业"。

（一）制造业企业数

总体情况。由表3－2可以看出，2000—2010年中国制造业企业数呈现逐年递增的趋势，从2000年的约14.44万个增长到2010年的约42.25万个，年均增长率为10.25%。其中，2008年的增长率最高，达到26.80%；2000年的增长率最低，为0.69%。1999年和2011年的企业数有所下降，且2011年下降的幅度（－28.65%）远大于1999年下降的幅度（－1.73%）。

分行业情况。首先，从各行业的企业数及增长率变化情况来看，如表3－3所示，低技术制造业的企业数2000—2010年呈上升趋势，企业数的增长率变化趋势不明显，增长率最高的年份是2008年（22.54%），最低的年份是2009年（2.05%），1999年、2000年、2011年的企业数出现了负增长。中低技术

[①] OECD 的 ANBERD and STAN 数据库，2003 年 5 月，http://www.oecd.org/sti/ind/48350231.pdf。OECD对制造业的技术分类是按照《国际标准产业分类》（ISIC3.0）的行业分类标准，而我国的制造业产业分类是根据《国民经济行业分类》（GB/T4754－2002）的分类标准，在此本书按照马红旗和陈仲常（2012）的方法将国际标准产业分类与我国的国民经济产业分类标准进行了整合。

第三章 中国制造业发展现状及存在的问题

表3-2 1998—2011年中国制造业规模相关指标

年份	企业数(个)	增长率(%)	当年价工业总产值(亿元)	增长率(%)	当年价工业增加值(亿元)	增长率(%)	主营业务收入(亿元)	增长率(%)	利润总额(亿元)	增长率(%)	就业人数(万人)	增长率(%)
1998	145932	—	58612.28	—	15007.71	—	54066.62	—	954.54	—	3769.00	—
1999	143413	-1.73	62835.15	7.20	16575.40	10.45	58871.05	8.89	1648.02	72.65	3495.70	-7.25
2000	144399	0.69	73923.82	17.65	19396.5	17.02	70601.67	19.93	2713.63	64.66	3240.00	-7.31
2001	152508	5.62	83103.67	12.42	21971.28	13.27	79067.71	11.99	3087.93	13.79	3009.80	-7.10
2002	162172	6.34	95854.59	15.34	25923.98	17.99	92734.68	17.29	4097.69	32.70	2907.00	-3.42
2003	181186	11.72	127352.08	32.86	34088.70	31.49	124034.90	33.75	6165.09	50.45	4883.80	68.00
2004	203617	12.38	175283.46	37.64	45774.83	34.28	163240.30	31.61	8303.56	34.69	5219.55	6.87
2005	251499	23.52	217835.70	24.28	57231.49	25.03	213843.68	31.00	9703.81	16.86	5935.25	13.71
2006	279282	11.05	274571.70	26.05	72436.89	26.57	270477.85	26.48	12811.17	32.02	6346.89	6.94
2007	313046	12.09	353630.84	28.79	93977.09	29.74	347889.88	28.62	19622.41	53.17	6855.51	8.01
2008	396950	26.80	441358.40	24.81	106464.55	13.29	432760.00	24.40	21674.39	10.46	7731.56	12.78
2009	405183	2.07	479199.70	8.57	118819.51	11.60	471869.70	9.04	27971.91	29.06	7719.53	-0.16
2010	422532	4.28	609558.50	27.20	138463.99	16.53	606299.61	28.49	42550.45	52.12	8391.47	8.70
2011	301489	-28.65	733984.01	20.41	158400.80	14.40	729263.69	20.28	47843.10	12.44	8053.96	-4.02

注：①数据来源于《中国统计年鉴》(1999—2012年)，并经整理计算而得。②2004年工业增加值的数据来源于《走向世界的中国制造业》。③"—"表示缺少相关数据，下同。

制造业的企业数与低技术制造业的企业数基本呈现相同的增长趋势，从1999年的约3.73万个增加到2010年的约10.7万个，年均增长率为9.17%。2011年企业数有所下降。从企业数增长率情况来看，1998—2005年中低技术制造业企业数的增长率处于上升的趋势，2006年开始处于上下波动的状态。中高技术制造业的企业数和高技术制造业企业数变化规律相似，企业数增长率的变化也都大体一致。其次，从制造业分行业企业数占总企业数的比重及变化情况来看，中国制造业中低技术制造业的企业数比重最高，但是该比重呈下降趋势；中高技术制造业比重居次，并且其占制造业总企业数的比重呈上升趋势；中低技术制造业比重居第三位，其在制造业总企业数的比重没有发生较大的变化；占制造业企业总数比重最小的是高技术制造业，但是其占制造业总企业数的比重呈上升趋势，但增长不显著。

（二）制造业工业总产值

总体情况。从表3-2可以看出，1998—2011年制造业的工业总产值呈现逐渐上升的趋势，从1998年的约58612.3亿元增长到2011年的约733984亿元，年均增长19.79%。1998—2002年工业总产值增长比较缓慢，年均增长率为10.34%；从2003年开始，工业总产值迅速增长，2003—2011年年均增长率为21.48%。其中1999年的增幅最低，为7.2%；2004年增幅最高，为37.64%。

分行业情况。由表3-4可以看出，首先，1998—2011年间，低技术制造业、中低技术制造业、中高技术制造业和高技术制造业的工业总产值都呈上升趋势；其次，从发展速度来说，中低技术制造业和中高技术制造业的工业总产值增长最快，年均增长率分别是21.1%和20.76%，高技术制造业工业总产值的年均增长率为19.51%，低技术制造业工业总产值的年均增长率为17.46%；最后，从增长率变化趋势来看，四类制造业具有相似的变化趋势，增速最快的年份在2003—2008年，2009年受金融危机的影响，增速有所下降，2010年和2011年又快速回升。

（三）制造业工业增加值

1. 总体情况。1998—2011年中国制造业的工业增加值呈上升的趋势。从增长幅度看，1998—2002年工业增加值增长比较平缓，年均增长率为11.55%；

第三章 中国制造业发展现状及存在的问题

表 3-3　1998—2011 年中国制造业分行业企业数、占总企业数比重及增长率

年份	低技术制造业企业数（个）	占比（%）	增长率（%）	中低技术制造业企业数（个）	占比（%）	增长率（%）	中高技术制造业企业数（个）	占比（%）	增长率（%）	高技术制造业企业数（个）	占比（%）	增长率（%）
1998	57170	39.18	—	37626	25.78	—	41692	28.57	—	9444	6.47	—
1999	55090	38.41	-3.64	37311	26.02	-0.84	41451	28.90	-0.58	9561	6.67	1.24
2000	54619	37.83	-0.85	37915	26.26	1.62	42069	29.13	1.49	9796	6.78	2.46
2001	57387	37.63	5.07	40123	26.31	5.82	44499	29.18	5.78	10499	6.88	7.18
2002	61061	37.65	6.40	42717	26.34	6.47	47074	29.03	5.79	11320	6.98	7.82
2003	70458	38.89	15.39	45785	25.27	7.18	52361	28.90	11.23	12582	6.94	11.15
2004	78149	38.38	10.92	51881	25.48	13.31	59587	29.26	13.80	14000	6.88	11.27
2005	94203	37.46	20.54	63604	25.29	22.60	75963	30.20	27.48	17729	7.05	26.64
2006	104605	37.45	11.04	70301	25.17	10.53	85042	30.45	11.95	19334	6.92	9.05
2007	116068	37.08	10.96	78469	25.37	11.62	96834	30.93	13.87	21675	6.92	12.11
2008	142235	35.83	22.54	99074	24.36	26.26	128933	32.48	33.15	26708	6.73	23.22
2009	145154	35.82	2.05	102100	25.20	3.05	130902	32.31	1.53	27027	6.67	1.19
2010	150557	35.63	3.72	106969	25.32	4.77	137064	32.44	4.71	27942	6.61	3.39
2011	105827	35.10	-29.71	76855	25.49	-28.15	97397	32.31	-28.94	21410	7.10	-23.38

注：作者根据《中国统计年鉴》、《中国高技术产业统计年鉴》、《中国船舶工业年鉴》和《中国机械工业年鉴》相关数据计算得出。

表 3-4　　　　　　1998—2011 年中国制造业分行业总产值及增长率

年份	低技术制造业总产值（亿元）	增长率（%）	中低技术制造业总产值（亿元）	增长率（%）	中高技术制造业总产值（亿元）	增长率（%）	高技术制造业总产值（亿元）	增长率（%）
1998	18398.30	—	15843.28	—	17088.39	—	7282.31	—
1999	18936.19	2.92	16994.35	7.27	18537.63	8.48	8366.98	14.89
2000	21006.46	10.93	20684.79	21.72	21646.12	16.77	10586.45	26.53
2001	23422.19	11.50	22572.95	9.13	24215.44	11.87	12438.09	17.49
2002	26906.63	14.88	25281.26	12.00	28844.82	19.12	15291.88	22.94
2003	33925.18	26.08	33694.08	33.28	38128.56	32.19	20917.26	36.79
2004	43575.16	28.44	50488.78	49.84	52120.18	36.70	28196.34	34.80
2005	54103.81	24.16	64426.05	27.60	63209.77	21.28	34823.11	23.50
2006	66191.89	22.34	84575.03	31.27	81340.96	28.68	42463.80	21.94
2007	84468.50	27.61	110745.71	30.94	107498.54	32.16	50918.10	19.91
2008	105233.64	24.58	142601.00	28.76	135562.33	26.11	57961.39	13.83
2009	118379.22	12.49	147016.24	3.10	153362.02	13.13	60442.24	4.28
2010	146919.68	24.11	187893.55	27.80	200036.12	30.43	74709.15	23.60
2011	174990.99	19.11	231010.97	22.95	239698.40	19.83	88283.65	18.17

注：作者根据《中国统计年鉴》、《中国高技术产业统计年鉴》、《中国船舶工业年鉴》和《中国机械工业年鉴》相关数据计算得出。

从 2003 年开始到 2007 年，工业增加值增长迅速，年均增长率为 22.48%；2008—2011 年工业增加值又回到了平稳增长期，年均增长率为 10.44%。其中增幅最高的是 2004 年（34.28%），增幅最低的是 1999 年（10.45%）。

2. 分行业情况。由表 3-5 可以看出，从分行业增加值所占比重来看，1998—2004 年，低技术制造业的工业增加值在制造业工业增加值中所占比重最大，中高技术制造业和中低技术制造业居次，高技术制造业占比最小；2004—2011 年，中高技术制造业的比重超过了低技术制造业在制造业增加值中占比最高，中低技术制造业居次，高技术制造业的占比仍然最小；第二，低技术制造业所占比重呈逐渐下降的趋势，而中高技术和中低技术制造业的比重呈逐渐上升的趋势，高技术制造业的比重比较稳定；第三，在制造业工业增加值中，占比较高的是低技术、中低技术和中高技术制造业，高技术制造业的占比仍然较低。从分行业增加值及增长率变化情况来看，1998—2011 年，四类制造业的工业增加值都呈逐年递增趋势，年均增长率最高的是中高技术制造业（19.39%），居次的是中低技术制造业（19.2%），第三位是高技术制造业（18.4%），最后是低技术制造业（16.48%）。

表 3-5　1998—2011 年中国制造业分行业增加值、占总增加值比重及增长率

年份	低技术制造业增加值（亿元）	占比（%）	增长率（%）	中低技术制造业增加值（亿元）	占比（%）	增长率（%）	中高技术制造业增加值（亿元）	占比（%）	增长率（%）	高技术制造业增加值（亿元）	占比（%）	增长率（%）
1998	5040.74	33.59	—	3901.45	26.00	—	4255.77	28.36	—	1809.75	12.06	—
1999	5395.49	32.55	7.04	4307.72	25.99	10.41	4736.88	28.58	11.30	2135.31	12.88	17.99
2000	6015.98	31.02	11.50	5118.82	26.39	18.83	5483.52	28.27	15.76	2778.19	14.32	30.11
2001	6808.81	30.99	13.18	5825.10	26.51	13.80	6217.89	28.30	13.39	3119.48	14.20	12.28
2002	7916.30	30.54	16.27	6700.33	25.85	15.03	7534.55	29.06	21.18	3772.80	14.55	20.94
2003	9990.45	29.31	26.20	9019.82	26.46	34.62	9985.26	29.29	32.53	5093.17	14.94	35.00
2004	11911.64	26.02	19.23	12740.42	27.83	41.25	12968.75	28.33	29.88	6612.92	14.45	29.84
2005	16259.09	28.41	36.50	16359.90	28.59	28.41	16418.38	28.69	26.60	8194.12	14.32	23.91
2006	20143.96	27.81	23.89	21204.42	29.27	29.61	20986.94	28.97	27.83	10101.57	13.95	23.28
2007	25712.19	27.36	27.64	28272.03	30.38	33.33	28326.11	30.14	34.97	11666.76	12.41	15.49
2008	29214.40	27.44	13.62	31479.59	29.57	11.35	32569.71	30.59	14.98	13200.89	12.40	13.15
2009	32558.68	27.40	11.45	35016.20	29.47	11.23	37088.88	31.21	13.88	14155.76	11.91	7.23
2010	37370.80	26.99	14.78	40301.89	29.11	15.09	44237.44	31.95	19.27	16553.86	11.96	16.94
2011	42638.41	26.92	14.10	45627.84	28.81	13.22	50890.43	32.13	15.04	19244.11	12.15	16.25

注：作者根据《中国统计年鉴》、《中国高技术产业统计年鉴》、《中国船舶工业年鉴》和《中国机械工业年鉴》相关数据计算得出。

(四) 制造业主营业务收入

总体情况。由表3-2可以看出，1998—2011年制造业的主营业务收入呈逐年递增的趋势。从增长幅度看可以分为两个阶段：第一阶段是平缓增长阶段，时间段为1998—2002年，年均增长率为11.39%；第二阶段是快速上升阶段，时间段为2003—2011年，年均增长率为21.75%。增幅最高的是2003年（33.75%），增幅最低的是1999年（8.89%）。

分行业情况。由表3-6可以看出，首先，从制造业分行业主营业务收入占制造业总收入的比重来看，低技术、中低技术和中高技术在制造业总收入中所占的比重基本相同，而高技术制造业所占比重最小；其次，从比重变化情况来看，1998—2011年低技术制造业所占比重呈现显著下降，而中低技术和中高技术制造业的比重呈上升趋势，但上升幅度较小，而高技术制造业的比重出现了先增后减的趋势，同样幅度较小；第三，从分行业收入及增长率变化情况来看，四类制造业行业的主营业务收入都呈逐年上升的趋势，年均增长率最高的是中低技术制造业（21.64%），中高技术制造业的年均增长率为21.41%，略低于中低技术制造业，第三是高技术制造业（20.07%），年均增长率最低的是低技术制造业（18.17%）。

(五) 制造业利润总额

总体情况。从表3-2可以看出，1998—2011年制造业的利润总额呈逐年递增的趋势。增幅较高的年份分别是1999年（72.65%）、2000年（64.66%）、2007年（53.17%）、2003年（50.45%）和2010年（52.12%），增幅最低的是2008年，为10.46%。

分行业情况。由表3-7可以看出，1998—2011年，除中低技术制造业外，其他三个行业的利润总额都呈递增趋势；2000—2011年，中高技术制造业、高技术制造业的利润增长率变化幅度较大，而低技术制造业、中低技术制造业利润增长率变化幅度相对较小，说明我国在低技术和中低技术制造业的利润收入方面已经比较稳定，优势明显，而在中高技术和高技术制造业的生产还较欠缺，获利能力有待提高。

第三章 中国制造业发展现状及存在的问题

表 3-6　1998—2011 年中国制造分行业主营业务收入、占总收入比重及增长率

年份	低技术制造业主营业务收入（亿元）	占比（%）	增长率（%）	中低技术制造业主营业务收入（亿元）	占比（%）	增长率（%）	中高技术制造业主营业务收入（亿元）	占比（%）	增长率（%）	高技术制造业主营业务收入（亿元）	占比（%）	增长率（%）
1998	16682.30	30.86	—	14945.73	27.64	—	15688.61	29.02	—	6749.98	12.48	—
1999	17511.32	29.75	4.97	16125.67	27.39	7.89	17269.64	29.33	10.08	7964.42	13.53	17.99
2000	19735.25	27.95	12.70	20152.78	28.54	24.97	20495.46	29.03	18.68	10218.17	14.47	28.30
2001	21974.93	27.79	11.35	22024.81	27.86	9.29	22867.24	28.92	11.57	12200.73	15.43	19.40
2002	25388.99	27.38	15.54	24993.00	26.95	13.48	27526.5	29.68	20.38	14826.19	15.99	21.52
2003	32471.85	26.18	27.90	33935.10	27.36	35.78	36846.54	29.71	33.86	20781.41	16.75	40.17
2004	40219.12	24.64	23.86	47947.13	29.37	41.29	47793.74	29.28	29.71	27280.31	16.71	31.27
2005	52655.37	24.62	30.92	65043.92	30.42	35.66	61764.16	28.88	29.23	34380.22	16.08	26.03
2006	64680.40	23.91	22.84	83796.50	30.98	28.83	79931.65	29.55	29.41	42069.3	15.55	22.36
2007	82120.53	23.61	26.96	110578.60	31.79	31.96	104842.04	30.14	31.16	50348.71	14.47	19.68
2008	102265.39	23.63	24.53	141160.84	32.62	27.65	132580.02	30.64	26.46	56753.72	13.11	12.72
2009	115958.40	24.57	13.39	146114.76	30.97	3.51	149961.69	31.78	13.11	59834.85	12.68	5.43
2010	144717.57	23.87	24.80	189595.92	31.27	29.76	197150.49	32.52	31.47	74835.63	12.34	25.07
2011	172730.79	23.69	19.36	232059.14	31.82	22.40	237111.36	32.51	20.27	87362.40	11.98	16.74

注：作者根据《中国统计年鉴》、《中国高技术产业统计年鉴》、《中国船舶工业年鉴》和《中国机械工业年鉴》相关数据计算得出。

表 3-7　1998—2011 年中国制造业分行业利润总额及增长率

年份	低技术制造业利润总额（亿元）	增长率（%）	中低技术制造业利润总额（亿元）	增长率（%）	中高技术制造业利润总额（亿元）	增长率（%）	高技术制造业利润总额（亿元）	增长率（%）
1998	278.56	—	95.83	—	187.24	—	303.3	—
1999	498.14	78.83	240.94	151.42	341.86	82.58	429.99	41.77
2000	785.12	57.61	471.72	95.78	585.72	71.33	671.92	56.27
2001	895.48	14.06	600.93	27.39	669.62	14.32	678.53	0.98
2002	1116.54	24.69	863.33	43.67	1097.67	63.92	723.08	6.57
2003	1510.93	35.32	1535.26	77.83	1759.25	60.27	963.66	33.27
2004	1855.38	22.80	2428.9	58.21	2297.95	30.62	1199.86	24.51
2005	2597.68	40.01	2430.56	0.07	2574.12	12.02	1384.24	15.37
2006	3396.93	30.77	3427.52	41.02	3385.58	31.52	1713.48	23.78
2007	4825.15	42.04	5857.55	70.90	5336.33	57.62	2370.03	38.32
2008	6135.92	27.17	4673.56	-20.21	6318.13	18.40	2661.66	12.30
2009	7411.76	20.79	7292.19	56.03	7882.48	24.76	3126.66	17.47
2010	10729.9	44.77	11092.5	52.11	12788.42	62.24	4742.13	51.67
2011	12683.43	18.21	11927.72	7.53	14771.55	15.51	5046.27	6.41

注：作者根据《中国统计年鉴》、《中国高技术产业统计年鉴》、《中国船舶工业年鉴》和《中国机械工业年鉴》相关数据计算得出。

（六）制造业就业人数

总体情况。由表 3-2 可以看出，1998—2002 年，制造业就业人数呈逐年下降趋势，由 1998 年的 3769 万人下降到 2002 年的 2907 万人，累计减少了 22.87%；2003—2008 年制造业就业人数快速上升，从 2003 年的 4883.8 万人增加到 2008 年的 7731.56 万人，年均增长 7.96%。其中，增长幅度最高的是 2003 年，比 2002 年增加了 68%。而在 2009 年受金融危机影响，制造业就业人数出现了下滑，2010 年又明显回升，到了 2011 年又出现了小幅下降。

分行业情况。如表 3-8 所示，除 2009 年和 2011 年外，分行业的就业人数都呈上升趋势，低技术制造业的年均增长率为 4.17%，中低技术制造业的年均增长率为 4.94%，中高技术制造业的年均增长率为 6.53%，高技术制造业的年均增长率为 9.89%。说明高技术制造业在不断扩大生产规模，就业人数的快速增长有利于产出扩大，最终会促进制造业的产业结构优化，产品技术含量提高。

表 3-8　2003—2011 年中国制造业分行业就业人数及增长率

年份	低技术制造业就业人数（万人）	增长率（%）	中低技术制造业就业人数（万人）	增长率（%）	中高技术制造业就业人数（万人）	增长率（%）	高技术制造业就业人数（万人）	增长率（%）
2003	1818.97	—	1220.62	—	1348.99	—	495.24	—
2004	1936.02	6.43	1284.19	5.21	1441.92	6.89	557.42	12.56
2005	2209.29	14.12	1428.08	11.20	1615.66	12.05	682.23	22.39
2006	2351.67	6.44	1501.03	5.11	1730.26	7.09	763.93	11.98
2007	2487.95	5.80	1611.25	7.34	1893.94	9.46	862.37	12.89
2008	2746.44	10.39	1809.31	12.29	2199.87	16.15	975.95	13.17
2009	2700.16	-1.69	1834.66	1.40	2215.45	0.71	969.26	-0.69
2010	2846.15	5.41	1982.34	8.05	2458.54	10.97	1104.44	13.95
2011	2628.32	-7.65	1884.13	-4.95	2383.94	-3.03	1157.57	4.81

注：作者根据《中国统计年鉴》、《中国高技术产业统计年鉴》、《中国船舶工业年鉴》和《中国机械工业年鉴》相关数据计算得出。

三、制造业结构

制造业结构分析对于研究制造业发展现状有着重要意义，制造业企业投资类型结构、企业组织结构、产值分布结构、利润结构、就业结构等是分析制造业结构主要指标。

（一）制造业企业投资类型结构

首先，我们以制造业中不同投资类型的企业数占总企业数的比重来反映制造业企业投资类型结构。由表 3-9 可以看出，1999—2011 年中国制造业投资主体发生了较大变化。首先，2004—2011 年间，私营企业在制造业总企业中占有较大份额，比重都在 45% 以上；三资企业的比重居于中间，大概在 20% 左右；而国有及国有控股企业占总企业的比重最小，在 10% 以下。其次，从比重变化情况来看，1999—2011 年国有及国有控股企业的比重呈递减的趋势，1999 年的比重为 34.95%，而到 2011 年比重仅为 3.65%，下降幅度较大的时间段是 1999—2005 年，年均下降 12.55%，2006—2011 年，比重渐趋平稳；三资企业数和私营企业数的比重变化不是很大，基本维持在 20% 和 50% 左右。

表 3-9　　1998—2011 年中国制造业不同投资类型和规模的企业数、占总企业数比重

年份	总计（个）	国有及国有控股企业数（个）	占比（%）	私营企业数（个）	占比（%）	三资企业数（个）	占比（%）	大中型企业数（个）	占比（%）
1998	145932	—	—	—	—	—	—	21250	14.56
1999	143413	50129	34.95	—	—	25306	17.65	19978	13.93
2000	144399	42948	29.74	—	—	26786	18.55	19471	13.48
2001	152508	36796	24.13	—	—	29600	19.41	20550	13.47
2002	162172	31539	19.45	—	—	32437	20.00	20725	12.78
2003	181186	25967	14.33	—	—	38048	21.00	19703	10.87
2004	203617	27071	13.30	114696	56.33	56412	27.70	24607	12.08
2005	251499	19613	7.80	117865	46.86	55597	22.11	25369	10.09
2006	279282	17207	6.16	141789	50.77	60016	21.49	29183	10.45
2007	313046	14265	4.56	167344	53.46	66490	21.24	32599	10.41
2008	396950	14469	3.65	231876	58.41	76674	19.32	36061	9.08
2009	405183	13768	3.40	241446	59.59	74200	18.31	36547	9.02
2010	422532	13412	3.17	257477	60.94	72846	17.24	40940	9.69
2011	301489	10998	3.65	169023	56.06	56144	18.62	55332	18.35

注：数据来源于《中国统计年鉴》(1999—2012 年)，并经整理计算而得。

其次，我们用制造业不同投资类型企业的工业总产值占制造业总产值的比重来进一步衡量制造业企业投资类型结构。由表 3-10 和图 3-1 可以看出，1999—2011 年间，"三资"企业总产值在制造业总产值中所占比重基本稳定在 30% 左右；2005—2011 年间，私营企业比重呈逐年递增趋势，并在 2009 年超过"三资"企业；而在 1999—2011 年间，国有及国有控股企业的产值比重却呈现逐渐下降的趋势，1999 年国有及国有控股企业的产值占制造业工业总产值的比重为 44.35%，在制造业中占有绝对优势，但 2011 年这一比重下降到了 19.64%，说明中国制造业企业投资类型结构呈现多元化特征。

表3-10　1998—2011年中国制造业不同投资类型企业产值占总产值比重　　单位:%

年份	国有及国有控股企业产值占总产值比重	私营企业产值占总产值比重	"三资"企业产值占总产值比重
1999	44.35	—	28.48
2000	42.50	—	29.88
2001	39.64	—	30.75
2002	36.28	—	31.82
2003	32.60	—	33.56
2005	26.05	21.10	35.37
2006	23.72	23.45	35.35
2007	22.45	25.38	35.03
2008	21.41	29.25	32.83
2009	20.09	32.01	30.86
2010	20.10	32.93	30.23
2011	19.64	32.22	28.82

注:数据来源于《中国统计年鉴》,缺少1998年和2004年的相关数据,2007年"三资企业"统计口径为"外商投资和港澳台商投资工业企业"。

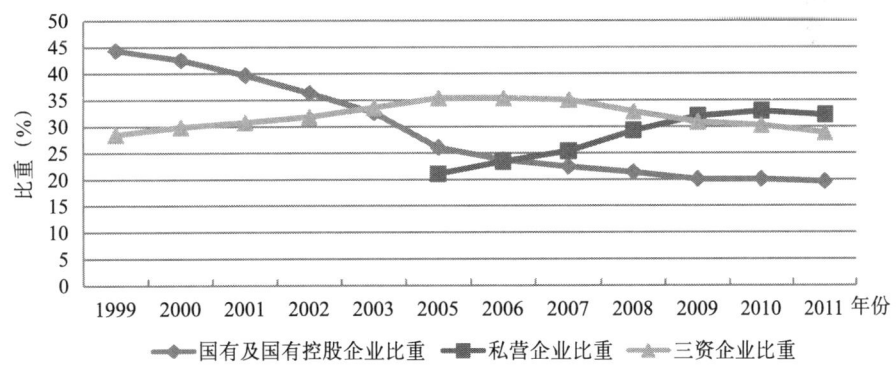

图3-1　1999—2011年中国制造业不同投资类型企业产值比重变化情况

(二) 制造业企业组织结构

首先,我们以制造业中大中型企业数占总企业数的比重来反映制造业企业组织结构。由表3-9和图3-2可以看出,制造业大中型企业数占总企业数的比重在9%~20%之间,这说明中国制造业企业以小型企业为主,这也在一定程度上说明了中国制造业产业国际竞争力低，自主创新能力不足。但是，应该看到，近些年来中国制造业大企业集团数量不断增加，2000 年《财富》杂志公布的世界前 500 大企业中，中国企业只有 10 家（不包括中国台湾地区企业），其中属于制造业领域的只有中国石油化工集团公司和中国石油天然气集团公司 2 家。2009 年公布的世界前 500 大企业中，中国企业有 37 家入选，其中属于制造业领域的有 14 家。到 2011 年，世界前 500 大企业中，中国企业有 69 家，制造业企业有 22 家，占了 1/3 还多。

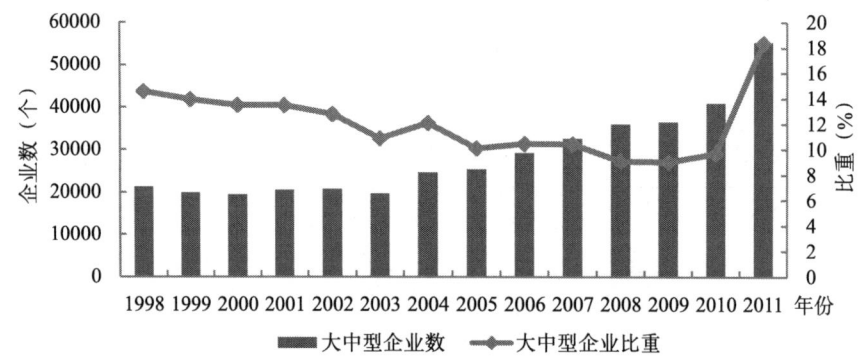

图 3-2 1998—2011 年中国制造业大中型企业数及比重变化情况

其次，我们利用制造业大中型企业产值和增加值占制造业企业总产值和总增加值的比重来进一步反映制造业企业组织结构。由表 3-11 和图 3-3 可以看出，制造业大中型企业的产值和增加值占制造业企业总产值和总增加值的比重总体上都处于上升趋势，体现出大中型企业的规模在不断扩大。综合以上分析，可以得出中国制造业企业组织结构趋向合理化的结论。

表 3-11　　1998—2011 年制造业大中型企业产值和增加值及其占总产值和总增加值的比重

年份	工业总产值（亿元）	所占比重（%）	工业增加值（亿元）	所占比重（%）
1998	30955.12	52.81	7899.23	52.63
1999	34426.19	54.79	9396.48	56.69
2000	40363.77	54.60	10893.73	56.16
2001	46662.87	56.15	13016.22	59.24
2002	55267.59	57.66	15209.94	58.67
2003	84438.67	66.30	22620.56	66.36

续表

年份	工业总产值（亿元）	所占比重（%）	工业增加值（亿元）	所占比重（%）
2004	112184.70	64.00	29480.60	64.40
2005	141737.42	65.07	36340.63	63.50
2006	176245.22	64.19	44772.67	61.81
2007	223928.22	63.32	57418.23	61.10
2008	269826.66	61.14	70063.79	65.81
2009	283758.09	59.21	82709.35	69.61
2010	367275.11	60.25	95354.91	68.87
2011	466529.27	63.56	108000.47	68.18

注：数据来源于《中国统计年鉴》。

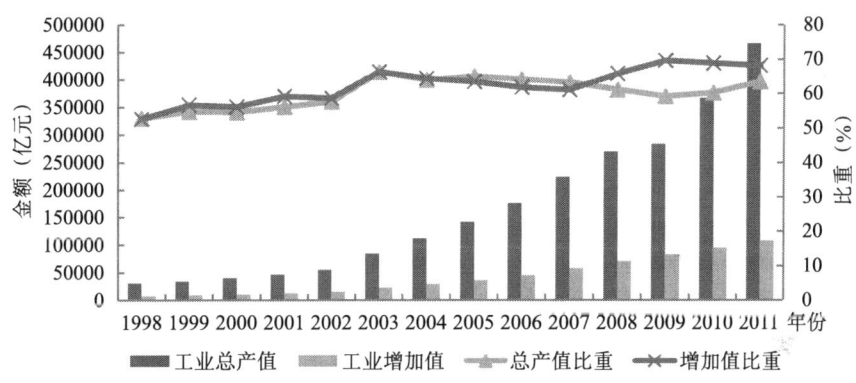

图 3-3 1998—2011 年中国制造业大中型企业产值、增加值及比重变化情况

（三）制造业产值分布结构

以制造业各行业产值占制造业工业总产值的比重这一指标反映制造业产值分布结构。首先，分别考察 1998 年、2002 年、2006 年、2010 年和 2011 年的制造业各行业的工业总产值及比重。由表 3-12 可以看出，这几年制造业产值比重前十位的行业没有发生大的改变，只是在名次顺序上发生了一些变化。2011 年排名前十位的行业是黑色金属冶炼及压延加工业（8.73%）、通信设备、计算机及其他电子设备制造业（8.69%）、交通运输设备制造业（8.62%）、化学原料及化学制品制造业（8.29%）、电气机械及器材制造业（7.01%）、农副食品加工业（6.01%）、通用设备制造业（5.58%）、非金属矿物制品业（5.47%）、石油加工、炼焦及核燃料加工业（5.03%）和纺织业（4.45%）。

表 3 – 12　　　　1998 年、2002 年、2006 年、2010 年和 2011 年中国制造业分行业总产值、比重及排名

行业	1998年(亿元)	占比(%)	2002年(亿元)	占比(%)	2006年(亿元)	占比(%)	2010年(亿元)	占比(%)	2011年(亿元)	占比(%)
总计	58612.30	—	95854.60	—	274571.70	—	609558.50	—	733984.00	—
13	3516.00	6.00_7	4776.96	4.98_8	12973.49	4.72_9	34928.07	5.73_7	44126.10	6.01_6
14	1213.97	2.07	1967.31	2.05	4714.25	1.72	11350.64	1.86	14046.96	1.91
15	1579.86	2.70	1996.26	2.08	3899.21	1.42	9152.62	1.50	11834.84	1.61
16	1374.73	2.35	2037.49	2.13	3214.08	1.17	5842.51	0.96	6805.68	0.93
17	4376.27	7.47_3	6370.79	6.65_5	15315.50	5.58_6	28507.92	4.68_{10}	32652.99	4.45_{10}
18	2018.07	3.44	2914.91	3.04	6159.40	2.24	12331.24	2.02	13538.12	1.84
19	1191.93	2.03	1801.46	1.88	4150.04	1.51	7897.50	1.30	8927.54	1.22
20	492.13	0.84	828.06	0.86	2429.03	0.88	7393.18	1.21	9002.30	1.23
21	294.71	0.50	524.21	0.55	1883.09	0.69	4414.81	0.72	5089.84	0.69
22	1243.97	2.12	2081.54	2.17	5034.92	1.83	10434.06	1.71	12079.53	1.65
23	544.19	0.93	825.56	0.86	1706.60	0.62	3562.91	0.58	3860.99	0.53
24	552.47	0.94	782.08	0.82	1759.01	0.64	3135.43	0.51	3212.38	0.44
25	2329.44	3.97_{10}	4784.98	4.99_7	15149.04	5.52_7	29238.79	4.80_9	36889.17	5.03_9
26	4627.83	7.90_2	7220.05	7.53_3	20448.69	7.45_3	47920.02	7.86_4	60825.06	8.29_4
27	1372.73	2.34	2378.24	2.48	5018.94	1.83	11741.31	1.93	14941.99	2.04
28	826.52	1.41	1121.82	1.17	3205.63	1.17	4953.99	0.81	6673.67	0.91
29	765.58	1.31	1064.60	1.11	2731.85	0.99	5906.67	0.97	7330.66	1.00
30	1497.83	2.56	2487.92	2.60	6381.01	2.32	13872.22	2.28	15579.54	2.12
31	3204.48	5.47_8	4557.04	4.75_9	11721.52	4.27	32057.26	5.26_8	40180.26	5.47_8
32	3883.19	6.63_5	6492.36	6.77_4	25403.79	9.25_2	51833.58	8.50_3	64066.98	8.73_1
33	1628.73	2.78	2599.98	2.71	12936.48	4.71	28119.02	4.61	35906.82	4.89
34	2150.68	3.67	3294.38	3.44	8529.47	3.11	20134.61	3.30	23350.81	3.18
35	2579.80	4.40_9	4247.55	4.43_{10}	13734.76	5.00_8	35132.74	5.76_6	40992.55	5.58_7
36	1920.27	3.28	2818.90	2.94	7953.31	2.90	21561.83	3.54	26149.13	3.56
37	4212.01	7.19_4	8359.27	8.72_2	20382.92	7.42_4	55452.63	9.10_1	63251.30	8.62_3
38	3628.58	6.19_6	6142.00	6.41_6	18165.52	6.62_5	43344.91	7.11_5	51426.42	7.01_5
39	4893.56	8.35_1	11288.60	11.78_1	33077.58	12.05_1	54970.67	9.02_2	63795.65	8.69_2
40	692.75	1.18	1089.62	1.14	3539.27	1.29	6399.07	1.05	7633.01	1.04
41	—	—	—	—	2533.22	0.92	5662.66	0.93	7189.51	0.98
42	—	—	—	—	292.95	0.15	2306.13	0.38	2624.21	0.36

注：①数据来源于《中国统计年鉴》（1999—2012 年），并经整理计算而得；②下标表示前十位的行业排名。

按技术层次划分。由表3-13和图3-4可以看出,1998—2011年,我国高技术制造业产值在总产值中的比重较小,制造业的总产值主要来源于低技术、中低技术和中高技术产业;低技术产业的产值比重基本呈现下降的趋势,而中低和中高技术产业的产值比重呈现上升的趋势,但上升幅度较小,而高技术产业的产值比重没有明显的变化。

表3-13　　　　　1998—2011年中国制造业按技术层次划分
各行业产值占总产值比重　　　　　　　　　单位:%

年份	低技术制造业	中低技术制造业	中高技术制造业	高技术制造业
1998	31.39	27.03	29.15	12.42
1999	30.14	27.05	29.50	13.32
2000	28.42	27.98	29.28	14.32
2001	28.18	27.16	29.14	14.97
2002	28.07	26.37	30.09	15.95
2003	26.64	26.46	29.94	16.42
2004	24.86	28.80	29.73	16.09
2005	24.84	29.58	29.02	15.99
2006	24.11	30.80	29.62	15.47
2007	23.89	31.32	30.40	14.40
2008	23.84	32.31	30.71	13.13
2009	24.70	30.68	32.00	12.61
2010	24.10	30.82	32.82	12.26
2011	23.84	31.47	32.66	12.03

注:数据来源于《中国统计年鉴》。

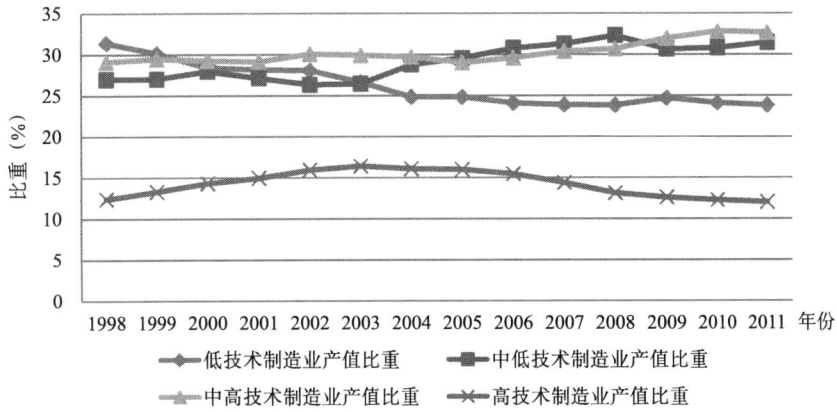

图3-4　1998—2011年中国制造业按技术层次划分各行业产值比重变化情况

(四) 制造业利润结构

对制造业利润结构的分析是从制造业各行业创造效益的角度进行的研究。

首先，本书以制造业各行业利润占制造业总利润的比重这一指标反映制造业利润的分布结构。同样，我们考察的时间范围是1998年、2002年、2006年、2010年和2011年。由表3-14可以看出，这几年制造业利润比重前十位的行业没有发生大的改变，只是在名次前后上发生了一些变化。2011年排名前十位的行业是交通运输设备制造业（11.45%）、化学原料及化学制品制造业（9.26%）、非金属矿物制品业（7.5%）、电气机械及器材制造业（6.92%）、通用设备制造业（6.39%）、通信设备、计算机及其他电子设备制造业（5.91%）、农副食品加工业（5.84%）、黑色金属冶炼及压延加工业（4.68%）、专用设备制造业（4.5%）和有色金属冶炼及压延加工业（4.32%）。

表3-14 1998年、2002年、2006年、2010年和2011年中国制造业分行业利润、比重及排名

行业	1998年（亿元）	占比（%）	2002年（亿元）	占比（%）	2006年（亿元）	占比（%）	2010年（亿元）	占比（%）	2011年（亿元）	占比（%）
合计	954.54	—	4097.69	—	12811.17	—	42550.45	—	47843.1	—
13	-28.70	-3.01	115.31	2.81	565.14	4.41_9	2343.61	5.51_7	2795.22	5.84_7
14	9.22	0.97	82.60	2.02	273.15	2.13	1015.45	2.39	1232.25	2.58
15	69.20	7.25	120.24	2.93	300.41	2.34	991.33	2.33	1315.37	2.75
16	118.64	12.43_2	212.71	5.19	465.78	3.64	734.00	1.73	840.52	1.76
17	-32.33	-3.39	184.71	4.51	563.93	4.40_{10}	1697.91	3.99_{10}	1956.81	4.09
18	41.76	4.37	111.19	2.71	273.38	2.13	851.91	2.00	951.98	1.99
19	21.21	2.22	57.50	1.40	178.58	1.39	611.45	1.44	714.70	1.49
20	1.90	0.20	24.08	0.59	117.37	0.92	515.27	1.21	643.39	1.34
21	9.90	1.04	19.66	0.48	86.03	0.67	281.57	0.66	341.04	0.71
22	19.88	2.08	98.25	2.40	262.56	2.05	727.08	1.71	760.41	1.59
23	29.10	3.05	58.95	1.44	115.69	0.90	309.20	0.73	349.78	0.73
24	18.78	1.97	31.34	0.76	57.43	0.45	165.71	0.39	175.93	0.37
25	6.40	0.67	50.94	1.24	-312.24	-2.44	1221.11	2.87	423.10	0.88

续表

行业	1998年(亿元)	占比(%)	2002年(亿元)	占比(%)	2006年(亿元)	占比(%)	2010年(亿元)	占比(%)	2011年(亿元)	占比(%)
26	40.51	4.24	279.05	6.81_5	1138.55	8.89_2	3638.41	8.55_2	4432.13	9.26_2
27	77.44	8.11_5	201.42	4.92	372.55	2.91	1331.09	3.13	1606.02	3.36
28	1.69	0.18	29.14	0.71	69.67	0.54	359.31	0.84	368.07	0.77
29	14.45	1.51	40.37	0.99	114.63	0.89	398.80	0.94	435.74	0.91
30	37.64	3.94	112.37	2.74	271.31	2.12	929.50	2.18	1016.68	2.13
31	-11.89	-1.25	154.97	3.78	618.59	4.83_8	2858.59	6.72_5	3587.25	7.50_3
32	30.24	3.17	294.77	7.19_3	1367.20	10.67_1	2149.03	5.05_8	2239.48	4.68_8
33	-11.89	-1.25	81.67	1.99	877.63	6.85_5	1620.62	3.81	2067.38	4.32_{10}
34	33.97	3.56	123.30	3.01	394.40	3.08	1364.73	3.21	1545.71	3.23
35	36.75	3.85	191.46	4.67	837.91	6.54_7	2710.67	6.37_6	3054.92	6.39_5
36	19.95	2.09	124.24	3.03	478.64	3.74	1855.05	4.36_9	2154.43	4.50_9
37	89.78	9.41_3	490.75	11.98_1	1002.71	7.83_4	4856.40	11.41_1	5478.38	11.45_1
38	85.08	8.91_4	285.04	6.96_4	841.76	6.57_6	3116.20	7.32_3	3310.13	6.92_4
39	216.89	22.72_1	468.97	11.44_2	1137.61	8.88_3	2873.03	6.75_4	2827.42	5.91_6
40	8.97	0.94	52.69	1.29	203.32	1.59	538.01	1.26	612.83	1.28
41	—	—	—	—	123.25	0.96	370.53	0.87	445.46	0.93
42	—	—	—	—	14.23	0.11	114.88	0.27	160.57	0.34

注：数据来源于《中国统计年鉴》。

其次，由表3-15和图3-5可以看出，1998—2011年，我国高技术制造业的利润总额占制造业总利润额的比重在不断下降，对制造业的贡献度在不断减少，说明相对于其他制造业，我国的高技术制造业的整体经济实力较弱。而中低和中高技术在制造业利润总额中的比重近些年有了一定程度的增长，尤其是中高技术产业的利润增长幅度较大，体现了我国近些年在制造业的技术能力上有了一定的进步。低技术制造业的利润占比虽然有所下降，但是在制造业总利润中仍然占有1/5以上的比重，说明食品制造、纺织服装等仍然是中国制造业的核心产业。

(五) 制造业就业结构

在就业结构方面，用制造业各行业就业人数占制造业总就业人数的比重衡量制造业就业结构。首先，分析2003—2011年制造业各行业就业人数的比重

表3-15　　　　1998—2011年中国制造业按技术层次划分
各行业利润占总利润比重　　　　　　　　　单位:%

年份	低技术制造业	中低技术制造业	中高技术制造业	高技术制造业
1998	29.18	10.04	19.62	31.77
1999	30.23	14.62	20.74	26.09
2000	28.93	17.38	21.58	24.76
2001	29.00	19.46	21.69	21.97
2002	27.25	21.07	26.79	17.65
2003	24.51	24.90	28.54	15.63
2004	22.34	29.25	27.67	14.45
2005	26.77	25.05	26.53	14.26
2006	26.52	26.75	26.43	13.37
2007	24.59	29.85	27.20	12.08
2008	28.31	21.56	29.15	12.28
2009	26.50	26.07	28.18	11.18
2010	25.22	26.07	30.05	11.14
2011	26.51	24.93	30.87	10.55

注：数据来源于《中国统计年鉴》。

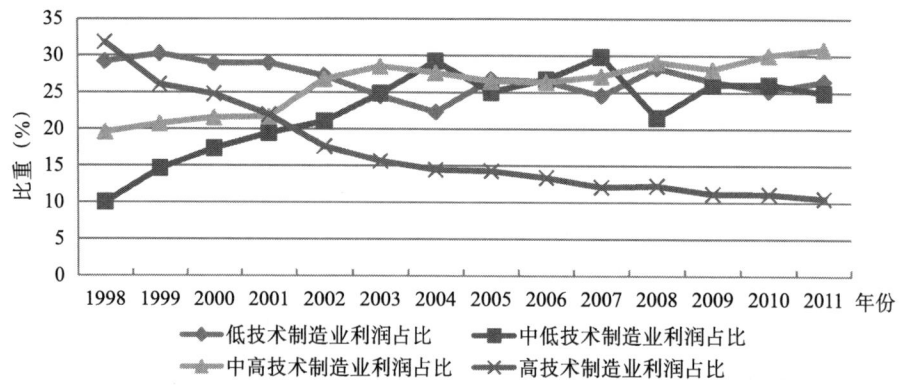

图3-5　1998—2011年中国制造业按技术层次划分各行业利润比重变化图

及排名情况。由表3-16可以看出，中国制造业各行业就业人数比重排名前十位的行业基本没有发生变化，例如，2003—2007年排名第一的行业一直是纺织业，而2008—2011年为通信设备、计算机及其他电子设备制造业；排名第二位的行业变化较大，2003年和2004年是非金属矿物制品业，2005—2007年是通信设备、计算机及其他电子设备制造业，2008—2010年是纺织业，2011年是电气机械及器材制造业。2011年仅前十位行业的就业人数就占了制造业总就业人数的63.77%。2011年排名前十位的行业依次是通信设备、计算机及其他电子设备制造业（10.17%）、电气机械及器材制造业（7.44%）、纺织业（7.31%）、交通运输设备制造业（7.19%）、非金属矿物制品业（6.42%）、通用设备制造业（6.14%）、化学原料及化学制品制造业（5.65%）、纺织服装、鞋、帽制造业（4.75%）、农副食品加工业（4.48%）和黑色金属冶炼及压延加工业（4.22%）。

表 3-16　　2003—2011年中国制造业分行业就业人数比重及排名　　　　单位:%

行业代码	2003年	2004年	2005年	2006年	2007年	2008年	2009年	2010年	2011年
13	3.72	3.66	3.75	3.76	3.86	4.08_{10}	4.37_9	4.40_9	4.48_9
14	2.07	2.05	2.04	2.02	1.97	2.00	2.11	2.10	2.20
15	1.82	1.71	1.50	1.45	1.47	1.46	1.54	1.55	1.70
16	0.43	0.39	0.33	0.30	0.27	0.26	0.26	0.25	0.25
17	10.22_1	9.95_1	9.96_1	9.70_1	9.14_1	8.43_2	7.99_2	7.71_2	7.31_3
18	5.92_5	6.14_5	5.83_7	5.95_6	6.04_6	5.93_7	5.82_7	5.33_8	4.75_8
19	3.39	3.48	3.86_{10}	3.87	3.75	3.53	3.34	3.29	3.23
20	1.31	1.34	1.40	1.44	1.55	1.70	1.69	1.70	1.60
21	0.89	1.01	1.20	1.32	1.33	1.35	1.28	1.33	1.32
22	2.33	2.26	2.19	2.12	2.02	1.96	1.98	1.88	1.82
23	1.22	1.18	1.13	1.09	1.06	1.06	1.06	1.01	0.88
24	1.78	1.80	1.85	1.80	1.74	1.72	1.59	1.53	1.37
25	1.22	1.20	1.25	1.21	1.18	1.11	1.10	1.10	1.19
26	6.37_4	6.05_6	5.73_8	5.64_8	5.55_8	5.56_8	5.71_8	5.65_7	5.65_7
27	2.36	2.27	2.08	2.05	2.00	1.95	2.08	2.06	2.22
28	0.70	0.74	0.72	0.68	0.66	0.58	0.54	0.52	0.57
29	1.27	1.24	1.34	1.29	1.28	1.26	1.27	1.23	1.16
30	2.89	2.92	3.09	3.17	3.27	3.30	3.37	3.38	3.16
31	8.11_2	7.80_2	7.05_3	6.72_3	6.54_4	6.45_4	6.59_4	6.49_5	6.42_5
32	5.24_9	5.01_9	4.84_9	4.67_9	4.44_9	4.05	4.18_{10}	4.12_{10}	4.22_{10}

续表

行业代码	2003 年	2004 年	2005 年	2006 年	2007 年	2008 年	2009 年	2010 年	2011 年
33	2.18	2.21	2.20	2.16	2.28	2.40	2.30	2.28	2.39
34	3.51	3.67	3.76	3.91_{10}	3.99_{10}	4.23_9	4.14	4.11	3.87
35	5.80_6	5.91_7	5.98_5	5.97_5	6.14_5	6.38_5	6.30_6	6.43_6	6.14_6
36	4.20_{10}	4.01_{10}	3.70	3.70	3.74	3.99	4.01	3.98	4.02
37	6.38_3	6.27_4	5.94_6	5.90_7	5.96_7	6.12_6	6.46_5	6.84_4	7.19_4
38	5.43_8	5.72_8	6.19_4	6.37_4	6.55_3	6.83_3	6.93_3	7.20_3	7.44_2
39	5.60_7	6.39_3	7.41_2	7.96_2	8.58_2	8.76_1	8.60_1	9.21_1	10.17_1
40	1.47	1.50	1.49	1.56	1.56	1.51	1.46	1.49	1.55
41	2.11	2.10	2.11	2.14	2.00	1.85	1.77	1.67	1.54
42	0.03	0.04	0.07	0.09	0.10	0.18	0.18	0.17	0.19

注：表中行业代码见本书表3-1中相关分类；

数据来源于《中国统计年鉴》，下标表示行业排名。

其次，如表3-17和图3-6所示，2003—2011年中国低技术和中低技术制造业的就业人数占比有所下降，但减少较小，中高技术和高技术制造业的就业比重呈上升趋势。

表3-17　　　2003—2011年中国制造业按技术层次划分各行业

就业人数占总就业人数比重　　　　　　　　单位：%

年份	低技术制造业	中低技术制造业	中高技术制造业	高技术制造业
2003	37.24	24.99	27.62	10.14
2004	37.09	24.60	27.63	10.68
2005	37.22	24.06	27.22	11.49
2006	37.05	23.65	27.26	12.04
2007	36.29	23.50	27.63	12.58
2008	35.52	23.40	28.45	12.62
2009	34.98	23.77	28.70	12.56
2010	33.92	23.62	29.30	13.16
2011	32.63	23.39	29.60	14.37

注：数据来源于《中国统计年鉴》。

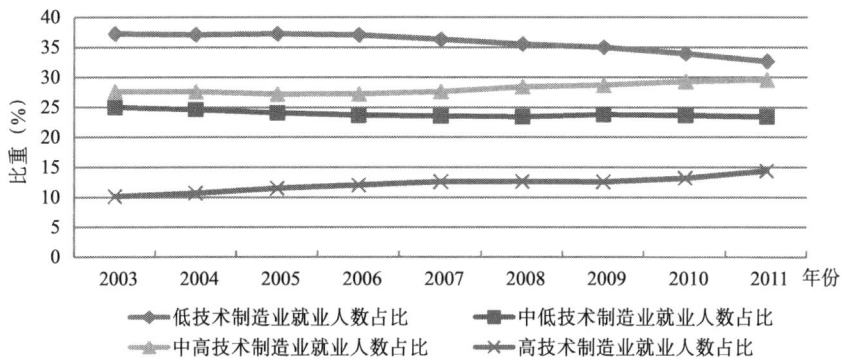

图 3-6 2003—2011 年中国制造业按技术层次划分各行业就业人数比重变化图

四、制造业对外贸易发展

我国加入世界贸易组织后,对外开放程度不断加深,总体对外贸易规模在不断扩大。本书主要从进出口总额,对外贸易结构,利用外资与对外直接投资几个方面进行描述。

(一) 制造业进出口总额

从表 3-18 和图 3-7 可以看出,第一,1997—2012 年,制造业进口额、出口额和进出口总额总体呈递增趋势,仅有 2009 年由于金融危机的影响,进出口额均出现了骤降;第二,1997—2004 年,中国制造业出口额基本等于进口额,从 2005 年开始,制造业出口额逐渐大于进口额,并且差距迅速扩大,始终是贸易顺差,并且顺差趋于扩大。

表 3-18　　　　1997—2012 年中国制造业进出口贸易额　　　　单位:亿元

年份	进口额	出口额	进出口总额	年份	进口额	出口额	进出口总额
1997	10413.81	14473.42	24887.23	2005	44600.17	60416.16	105016.33
1998	10462.63	14387.50	24850.13	2006	51460.97	75306.14	126767.10
1999	12361.88	15316.15	27678.04	2007	58096.16	90721.05	148817.21
2000	17062.14	19523.83	36585.97	2008	58552.77	97138.75	155691.52
2001	17504.80	20917.64	38422.44	2009	52996.09	80297.68	133293.77
2002	21633.96	25732.63	47366.58	2010	70592.05	104630.34	175222.39
2003	29900.61	36741.35	66641.95	2011	81625.91	120118.65	201744.56
2004	39176.30	42753.05	81929.35	2012	81552.53	126759.48	208312.00

注:数据来源于 UN COMTRADE 数据库。

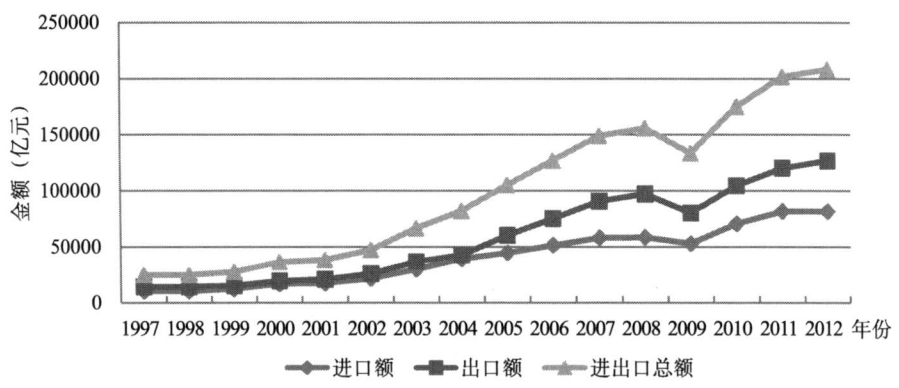

图 3-7　1997—2012 年中国制造业进出口贸易额变化图

(二) 制造业对外贸易结构

本研究主要以制造业对外贸易商品结构为判断标准,采用三种不同的商品分类方法对对外贸易商品进行分类,第一种分类方法,是将制造业对外贸易商品主要分为初级产品和制成品。其中,按要素密集度划分,制成品又可以分为劳动密集型产品和资本密集型产品。第二种分类方法,是根据 Lall 的商品分类方法,将对外贸易商品分为初级品、资源型制成品、低技术制成品、中技术和高技术制成品 (Lall, 2000),并分别分析进口商品结构和出口商品结构。

1. 进口商品结构

进口商品结构的衡量主要是利用进口商品总额除以总进口额来计算。表 3-19、表 3-20 是以第一种商品分类方法计算的进口商品结构。1997—2012 年在中国制造业进口商品总额中,制成品进口额所占的比重要远大于初级产品进口额所占的比重,制成品进口额占比最高达到 94.1%,同期初级产品进口额所占比重为 5.9%。从增速上来看,制成品进口额所占的比重呈上升趋势,相对应初级产品进口额占比呈下降趋势。制成品进口中以资本密集型产品占绝对优势,资本技术密集型产品进口额所占制成品进口总额的比重在 60% 以上,并呈逐年增长的趋势,说明中国制造业进口商品中以资本密集型产品为主。

表 3-19　1997—2012 年中国制造业不同类型进口商品总额、占总进口额比重

年份	初级产品（亿美元）	制成品（亿美元）	进口商品总额（亿美元）	初级产品占比（%）	制成品占比重（%）
1997	119.18	1137.04	1256.22	9.49	90.51
1998	98.83	1164.91	1263.74	7.82	92.18
1999	105.13	1388.15	1493.29	7.04	92.96
2000	135.65	1925.40	2061.04	6.58	93.42
2001	137.28	1977.59	2114.87	6.49	93.51
2002	155.24	2458.51	2613.74	5.94	94.06
2003	213.29	3399.20	3612.49	5.90	94.10
2004	294.33	4438.94	4733.27	6.22	93.78
2005	322.89	5121.66	5444.56	5.93	94.07
2006	412.85	6042.53	6455.38	6.40	93.60
2007	513.80	7126.41	7640.21	6.72	93.28
2008	732.24	7698.56	8430.80	8.69	91.31
2009	557.34	7200.83	7758.17	7.18	92.82
2010	766.68	9661.28	10427.96	7.35	92.65
2011	1042.41	11384.36	12426.77	8.39	91.61
2012	1094.39	11825.02	12919.42	8.47	91.53

注：SITC 商品分类中，0~4 为初级产品，5~9 为制成品，制成品中 5、7 为资本技术密集型产品，6、8 为劳动密集型产品。数据来源于 UN COMTRADE 数据库。

表 3-20　1997—2012 年中国制成品中不同类型进口商品总额及其占总进口额比重

年份	劳动密集型产品（亿美元）	资本技术密集型产品（亿美元）	劳动密集型产品占制成品进口总额比重（%）	资本技术密集型产品占制成品进口总额比重（%）
1997	406.98	730.06	35.79	64.21
1998	394.88	770.03	33.90	66.10
1999	439.62	948.53	31.67	68.33
2000	686.73	1238.67	35.67	64.33
2001	569.64	1407.95	28.80	71.20
2002	682.42	1776.09	27.76	72.24
2003	968.54	2430.66	28.49	71.51
2004	1240.62	3198.32	27.95	72.05
2005	1419.50	3702.17	27.72	72.28

续表

年份	劳动密集型产品（亿美元）	资本技术密集型产品（亿美元）	劳动密集型产品占制成品进口总额比重（%）	资本技术密集型产品占制成品进口总额比重（%）
2006	1581.56	4460.97	26.17	73.83
2007	1901.03	5225.38	26.68	73.32
2008	2044.99	5653.57	26.56	73.44
2009	1925.46	5275.37	26.74	73.26
2010	2443.48	7217.80	25.29	74.71
2011	2774.79	8609.57	24.37	75.63
2012	2817.36	9007.66	23.83	76.17

注：SITC 商品分类中，0~4 为初级产品，5~9 为制成品，制成品中 5、7 为资本技术密集型产品，6、8 为劳动密集型产品。数据来源于 UN COMTRADE 数据库。

其次，由表 3-21 和图 3-8 可以看出，中国制造业进口商品构成中，主要以中高技术产品的进口为主，但高技术产品的进口在逐年增加，而中技术产品的进口有所下降。低技术产品进口额呈下降的趋势。

表 3-21　　　　1997—2012 年中国制成品中不同类型进口
商品总额占总进口额比重　　　　　　　单位:%

年份	初级品占进口商品总额比重	资源型制成品占进口商品总额比重	低技术制成品占进口商品总额比重	中技术制成品占进口商品总额比重	高技术制成品占进口商品总额比重
1997	4.84	10.98	14.56	33.22	22.62
1998	4.85	10.37	13.76	31.40	26.96
1999	4.63	11.02	12.62	29.56	29.98
2000	4.67	10.35	17.84	26.44	30.14
2001	4.27	10.15	11.10	29.32	33.92
2002	4.14	9.21	10.93	28.78	36.26
2003	3.84	8.96	11.02	28.07	38.46
2004	4.05	9.17	9.62	27.20	40.24
2005	4.29	8.84	9.61	24.77	42.87
2006	4.69	9.14	8.07	24.42	44.45
2007	5.38	9.46	7.71	24.78	43.32
2008	4.91	11.39	7.62	25.01	41.05

续表

年份	初级品占进口商品总额比重	资源型制成品占进口商品总额比重	低技术制成品占进口商品总额比重	中技术制成品占进口商品总额比重	高技术制成品占进口商品总额比重
2009	6.10	9.85	7.20	25.38	40.56
2010	6.07	10.14	6.30	26.19	39.77
2011	5.89	11.61	6.03	26.65	36.26
2012	5.72	11.38	5.60	24.33	38.20

注：按技术含量可将制造业对外贸易商品分为初级品、资源型制成品、低技术制成品、中技术和高技术制成品（Lall，2000）。数据来源于 UN COMTRADE 数据库。

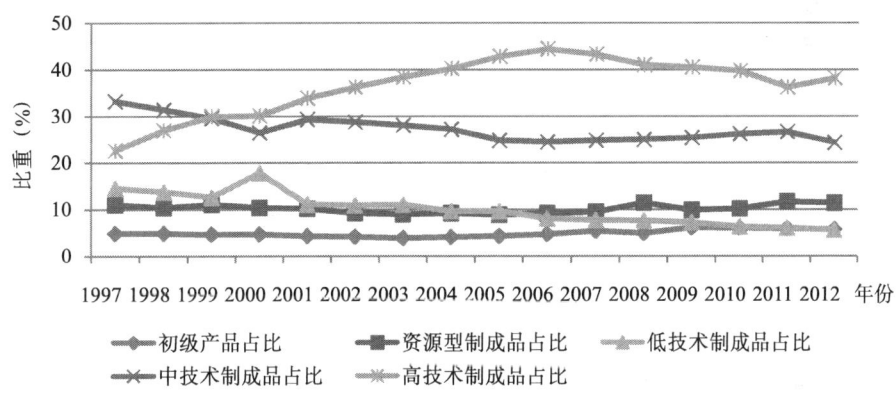

图 3-8　1997—2012 年中国制造业进口商品额占总进口额比重变化图

2. 出口商品结构

与进口商品结构的衡量方法相似，出口商品结构的衡量主要是用出口商品总额除以总出口额来计算。同样表 3-22 和表 3-23 是以第一种商品分类方法计算的出口商品结构。如表所示，1997—2012 年在制造业出口商品总额中，制成品出口额占制造业进出总额的比重在 92% 以上，最高达到 96.42%。从增速上来看，制成品出口额所占的比重逐年上涨。2002 年以前，制成品出口中，劳动密集型产品的出口额比重高于资本技术密集型产品出口额所占比重，从 2003 年开始，资本技术密集型产品出口额占比迅速上升，并超过劳动密集型产品，这与我国加工贸易的迅速发展有直接的关系。

其次，由表 3-24 和图 3-9 可以看出，中国制造业出口商品构成中，2003 年之前主要是以低技术产品的出口为主，1997 年低技术制成品出口额所占比重为 43.69%，从 2004 年开始，高技术产品的出口额占比逐渐上升并超过低技术产品，2010年高技术产品的出口额占比达到了35.47%，而低技术产品的出口额占比呈下降的趋势。中技术产品的出口额占比有所上升，但仍然低于低技术产品出口额所占的比重。

表3-22 1997—2012年中国制造业中不同类型出口商品总额及其占总出口额比重

年份	初级产品（亿美元）	工业制成品（亿美元）	出口商品总额（亿美元）	初级产品占出口商品总额比重（%）	工业制成品占出口商品总额比重（%）
1997	124.70	1621.24	1745.93	7.14	92.86
1998	117.17	1620.64	1737.81	6.74	93.26
1999	113.50	1736.66	1850.16	6.13	93.87
2000	139.16	2219.24	2358.41	5.90	94.10
2001	149.52	2377.68	2527.20	5.92	94.08
2002	163.78	2945.15	3108.93	5.27	94.73
2003	204.42	4001.54	4205.96	4.86	95.14
2004	259.61	4905.79	5165.41	5.03	94.97
2005	303.94	7071.35	7375.29	4.12	95.88
2006	349.50	9097.07	9446.57	3.70	96.30
2007	427.71	11502.99	11930.70	3.58	96.42
2008	538.27	13448.39	13986.66	3.85	96.15
2009	442.97	11311.92	11754.89	3.77	96.23
2010	592.31	14863.83	15456.14	3.83	96.17
2011	737.72	17859.95	18597.67	3.97	96.03
2012	734.58	19346.45	20081.03	3.66	96.34

注：SITC商品分类中，0~4为初级产品，5~9为制成品，制成品中5、7为资本技术密集型产品，6、8为劳动密集型产品。数据来源于UN COMTRADE数据库。

表3-23 1997—2012年中国制成品中不同类型出口商品总额及其占总出口额比重

年份	劳动密集型产品（亿美元）	资本技术密集型产品（亿美元）	劳动密集型产品占制成品出口总额比重（%）	资本技术密集型产品占制成品出口总额比重（%）
1997	1078.30	542.93	66.51	33.49
1998	1015.26	605.37	62.65	37.35
1999	1042.82	693.84	60.05	39.95
2000	1267.13	952.11	57.10	42.90

续表

年份	劳动密集型产品（亿美元）	资本技术密集型产品（亿美元）	劳动密集型产品占制成品出口总额比重（%）	资本技术密集型产品占制成品出口总额比重（%）
2001	1289.41	1088.27	54.23	45.77
2002	1515.68	1429.47	51.46	48.54
2003	1918.44	2083.10	47.94	52.06
2004	1948.51	2957.28	39.72	60.28
2005	3175.24	3896.11	44.90	55.10
2006	4065.23	5031.84	44.69	55.31
2007	5099.62	6403.37	44.33	55.67
2008	5897.57	7550.82	43.95	56.15
2009	4764.29	6547.64	42.12	57.88
2010	6162.83	8701.00	41.46	58.54
2011	7663.31	10196.64	42.91	57.09
2012	9544.18	10802.26	44.16	55.84

注：SITC 商品分类中，0~4 为初级产品，5~9 为制成品，制成品中 5、7 为资本技术密集型产品，6、8 为劳动密集型产品。数据来源于 UN COMTRADE 数据库。

表3-24　1997—2012 年中国制成品中不同类型出口商品总额占总出口额比重

单位:%

年份	初级品占出口商品总额比重	资源型制成品占出口商品总额比重	低技术制成品占出口商品总额比重	中技术制成品占出口商品总额比重	高技术制成品占出口商品总额比重
1997	3.56	9.21	43.69	16.55	16.20
1998	3.83	8.64	41.46	17.12	19.05
1999	3.61	8.44	39.91	17.00	21.51
2000	3.21	8.41	37.46	18.12	23.56
2001	3.16	8.52	35.93	18.28	25.14
2002	2.92	8.06	34.60	18.09	28.03
2003	2.66	7.51	31.80	18.71	31.51
2004	2.92	7.99	33.10	21.93	37.26
2005	2.45	7.51	29.10	19.87	34.40
2006	2.80	7.38	29.26	19.54	34.56
2007	2.38	7.25	29.56	20.18	34.31

续表

年份	初级品占出口商品总额比重	资源型制成品占出口商品总额比重	低技术制成品占出口商品总额比重	中技术制成品占出口商品总额比重	高技术制成品占出口商品总额比重
2008	2.11	7.76	29.52	21.21	32.92
2009	2.13	7.57	28.27	20.94	35.13
2010	2.22	7.58	27.55	21.21	35.47
2011	2.31	8.10	28.45	21.57	33.20
2012	2.06	7.84	29.68	20.83	33.43

注：按技术含量可将制造业对外贸易商品分为初级品、资源型制成品、低技术制成品、中技术和高技术制成品（Lall, 2000）。数据来源于 UN COMTRADE 数据库。

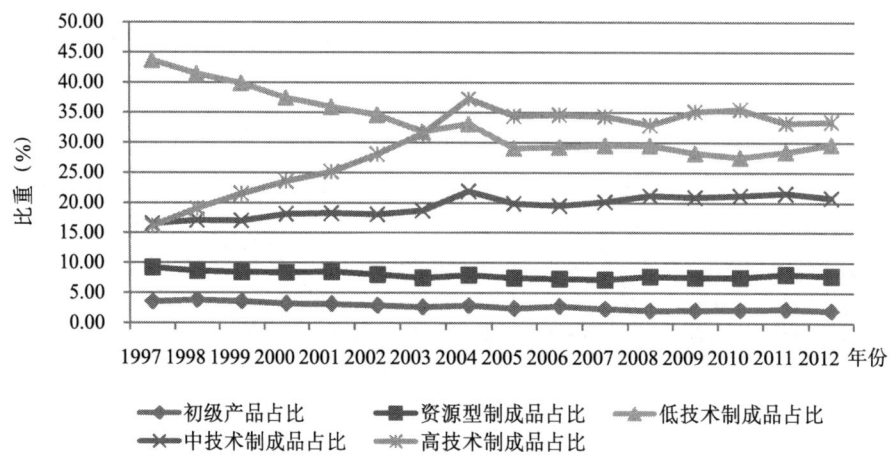

图 3-9 1997—2012 年中国制造业出口商品额占总出口额比重变化图

（三）制造业利用外资与对外投资

由表 3-25 和图 3-10 可以看出，1997—2011 年中国制造业利用外资和对外投资呈上升趋势，但对外投资的规模远小于利用外资的规模，例如，2011年中国制造业对外直接投资额约是外商直接投资额的 13.5%。

五、制造业国际竞争力

对于制造业国际竞争力的评价标准，学者们通常使用出口商品比较优势进行测度（金培，2013），通常使用的指标是显示性比较优势指数（Revealed

表 3-25　　　1997—2011 年中国制造业利用外资及对外投资情况

年份	外商直接投资		对外直接投资净额（万美元）
	合同项目数（个）	实际使用金额（万美元）	
1997	14716	2811983	—
1998	13477	2558238	—
1999	12042	2260334	—
2000	15988	2584417	—
2001	19106	3090747	—
2002	24930	3679998	—
2003	29281	3693570	62404
2004	30386	4301724	75555
2005	28928	4245291	228040
2006	24790	4007671	90661
2007	19193	4086482	212650
2008	11568	4989483	176603
2009	9767	4677146	224097
2010	11047	4959058	466417
2011	11114	5210054	704118

注：数据来源于《中国统计年鉴》（1998—2012 年）。

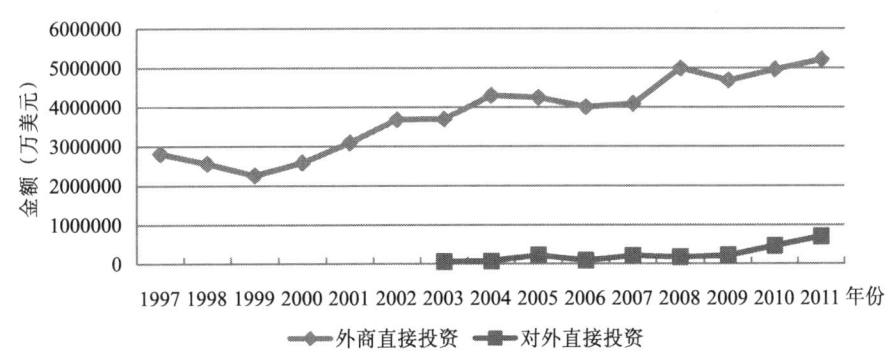

图 3-10　1997—2011 年中国制造业利用外资和对外直接投资变化图

Comparative Advantage，RCA）（张小蒂，2006；金培，2013），该指数是由 Balassa（1965）提出。本书中，对制造业国际竞争力衡量的方法也采用 RCA 指数，具体来说，RCA 指数等于一国某类产品的出口额占该国总出口额的比重除以世界该类产品的出口额占世界总出口额的比重。如果某类产品的RCA值大于或小于1，则说明一国在该产品的出口上具有或不具有显性比较优势，如果RCA值大于1.25小于2.5，表明该产品具有较强的国际竞争力，如果RCA值大于2.5，表明具有极强的国际竞争力。

由表3-26可以看出，1997—2012年，中国制造业的食品及主要供食用的活动物，饮料及烟类，非食用原料，矿物燃料，动植物油脂，化工产品及其他未分类产品等RCA指数都小于1，并且总体上呈下降的趋势，说明中国该类产品的国际竞争力较弱。显示比较优势指数最高的是杂项制品，其次是轻纺、橡胶及矿冶产品，这些类别产品历年的RCA指数都超过了1。机械及运输设备的RCA指数1997年只有0.5955，而2011年上升到1.4562，说明中国的机械及运输设备的国际竞争力在不断提高。总体来说，中国制造业中的初级产品的国际竞争力在不断下降，而工业制成品中国际竞争力较强的产品主要集中于劳动密集型及资源密集型的产业，一些高新技术产业的产品国际竞争力仍然处于较低的水平。中国制造业总体国际竞争力还有待提高。

表3-26 1997—2012年中国制造业不同类别的产品RCA指数

年份	食品及主要供食用的活动物	饮料及烟类	非食用原料	矿物燃料、润滑油及有关原料	动植物油脂及蜡	轻纺、橡胶和矿冶产品及相关制成品	化工产品	机械及运输设备	杂项制品	其他未分类产品
1997	0.9175	0.4650	0.1406	0.6155	0.7062	1.3785	0.5999	0.5955	2.9588	0.0777
1998	0.9448	0.4406	0.0955	0.6228	0.3150	1.1534	0.5827	0.6562	2.9240	0.0000
1999	0.9445	0.3048	0.0814	0.5244	0.1536	1.1601	0.5535	0.7152	2.8534	0.0392
2000	0.9678	0.2931	0.0772	0.5123	0.1498	1.2201	0.5371	0.8064	2.8110	0.0543
2001	0.9084	0.3022	0.0967	0.5031	0.1324	1.1766	0.5161	0.8829	2.6030	0.0565
2002	0.8254	0.2704	0.1233	0.4606	0.0776	1.1514	0.4543	0.9722	2.4776	0.0520
2003	0.7123	0.2077	0.1275	0.5167	0.0626	1.1224	0.4205	1.0874	2.3310	0.0552
2004	0.6602	0.2021	0.1295	0.4618	0.0599	1.1739	0.4160	1.1597	2.2313	0.0478
2005	0.6195	0.1608	0.1606	0.3369	0.0931	1.1836	0.4405	1.2126	2.2113	0.0617
2006	0.6115	0.1320	0.1735	0.2569	0.1025	1.2547	0.4458	1.2614	2.2332	0.0722
2007	0.5505	0.1175	0.2087	0.2692	0.0565	1.2234	0.4663	1.2822	2.2157	0.0488

续表

年份	食品及主要供食用的活动物	饮料及烟类	非食用原料	矿物燃料、润滑油及有关原料	动植物油脂及蜡	轻纺、橡胶和矿冶产品及相关制成品	化工产品	机械及运输设备	杂项制品	其他未分类产品
2008	0.5028	0.1109	0.2138	0.2869	0.0734	1.3133	0.5310	1.3733	2.2813	0.0307
2009	0.4826	0.1157	0.2068	0.2670	0.0533	1.1896	0.4488	1.4369	2.1528	0.0287
2010	0.5032	0.1155	0.2389	0.2705	0.0455	1.1834	0.4981	1.4411	2.1908	0.0220
2011	0.5130	0.1227	0.3358	0.2330	0.0477	1.2513	0.5549	1.4562	2.2751	0.0347
2012	0.4641	0.1276	0.2634	0.2069	0.0450	1.2389	0.5067	1.3761	2.2742	0.0215

注：按照 SITC Rev.4 的分类标准，贸易商品可以分为 0~9 共 10 个大类。本表将制造业的产品按照上述分类方法进行划分。数据来源于 UN COMTRADE 数据库。

第二节 中国制造业发展的国际比较

制造业的发展程度能够体现一个国家的生产力水平，是国民经济各个产业相互配合的结果。世界金融危机发生后，美国、日本等发达国家开始重新审视制造业在国民经济中的重要作用，纷纷采取各项促进制造业发展的政策措施，例如，奥巴马政府提出"再工业化"战略，该战略主要是为解决两大问题：一是改善供需结构和增加本国就业；二是突破资源和环境瓶颈。"再工业化"近期内的一个重要表现是贸易保护主义重新抬头；而长期目标体现为再造一个新"实体"，即结合缓解资源和环境的制约，以节能、提高能效和可再生能源、新材料等为代表的高附加值、高技术含量产业。事实上该战略促使全球竞争进入了一个新的时代，即以技术创新带动制造业产业发展。面对新一轮的竞争，中国制造业有哪些优势和劣势，未来将何去何从，这些问题只有在了解全球制造业发展状况后才能解答。

制造业不仅为一国创造了产值，生产了工业品和消费品，而且也为社会提供了大量的就业机会。考虑到数据的可得性，本节在对制造业进行国际比较的时候，主要从制造业的就业、产值和劳动生产率三大方面进行考察，其中制造业的就业指标包含就业人数和雇员工资两个方面，制造业产值指的是制造业增加值。对于参与比较的国家和地区的筛选，首先从世界银行世界发展指数（WDI）数据库中选取2010年人口超过2000万人的国家和地区；其次从这些国家和地区中筛选2010年制造业增加值占世界份额大于0.1%的国家和地区；最后选取的国家有33个。

一、制造业就业人数的国际比较

首先，由表3-27可以看出，中国的制造业就业人数最多，第二位是美国，印度排名第三。总体来看，发达国家和新兴经济体国家的制造业就业人数呈下降趋势，而发展中国家的制造业就业人数呈上升趋势，如中国、巴西、墨西哥、土耳其、印度尼西亚、阿根廷等。

表3-27　　　　2003—2008年主要制造业国家制造业就业人数　　　　单位：万人

国家	2003年	2004年	2005年	2006年	2007年	2008年
美国	1690.2	1648.4	1625.3	1637.7	1630.2	1590.4
中国	2980.5	3050.8	3210.9	3351.6	3465.4	—
日本	1207	1177	1169	1191	1198	1174
德国	824.3	813.5	803.2	815.7	839.5	851.6
韩国	420.5	429	423.4	416.7	411.9	—
英国	412.4	381.7	380.4	375.5	374.5	354.7
法国	411.9	406.3	401.5	398.5	395	387.7
意大利	499	484.6	482.5	482.6	487	480.5
巴西	1087.7	1172.4	1233.6	1249.7	1310.5	—
墨西哥	682.1	710	691.1	707.9	713	722.8
加拿大	227.5	229.2	220.7	219.3	211.6	204.1
西班牙	303.5	304.8	311.3	310.7	309	306
土耳其	366.4	380.1	408.4	418.6	408.9	423.5
印度尼西亚	1149.6	1107	1195.3	1189	1236.9	1254.9
阿根廷	123.1	136	136	141.1	—	—
俄罗斯	1282	1267.4	1253.4	1247.2	1232.4	1166.3
泰国	508.6	531.3	535	530.7	559.3	523.1

续表

国家	2003 年	2004 年	2005 年	2006 年	2007 年	2008 年
澳大利亚	109.2	109.7	108.4	107.4	109.2	110.2
波兰	259.2	274	283.1	298.8	316.2	—
马来西亚	213.1	202.3	198.9	208.3	197.7	194.5
沙特阿拉伯	—	—	—	50.5	56.6	50.9
埃及	197.7	208.5	223	238.1	241.2	256.7
南非	155	171.4	170.6	173.7	179.9	196.1
菲律宾	294.1	306.1	307.7	305.3	305.9	292.6
伊朗	—	—	378.9	390.8	383.4	351.2
巴基斯坦	—	—	588.1	—	—	637.7
哥伦比亚	213.5	240.8	225.3	199.8	236.1	233.6
越南	451.2	495	—	—	—	—
孟加拉国	434.3	—	522.4	—	—	—
秘鲁	94	106.8	105.3	113.6	129.2	131.7
摩洛哥	119.2	117.8	115.4	114.2	—	—
罗马尼亚	199.9	205.1	196	197.9	197.4	193

注：数据来源于《国际统计年鉴》（2013年）和联合国 ILO 数据库，制造业分类标准为《国际标准产业分类》（ISIC3.0），缺少印度的数据。

其次，我们将 2008 年和 2007 年主要制造业国家的制造业就业人数进行比较，以判断这些国家制造业就业人数发生的变化。如图 3-11 所示，制造业就业人数减少的国家中大部分是发达国家，美国 2008 年制造业就业人数比 2007年减少了 2.44%，日本减少了 2%，法国减少了 1.85%，英国减少了 5.29%，意大利减少了 1.33%，西班牙减少了 0.97%，加拿大减少了 3.54%。俄罗斯减少了 5.36%。在传统的制造业强国中只有德国制造业人数保持增长的趋势，2008 年增加了 1.44%。其他国家就业机会减少的原因主要有：一是制造业技术提高，使得生产效率提高，从而就业人数减少；二是在国际垂直专业化分工的生产模式中，发达国家的就业岗位转移到了其他国家和地区，主要是新兴经济体国家和发展中国家，例如南非、埃及、土耳其、印度尼西亚、墨西哥等。2008 年南非制造业就业人数增长迅速，增长了 9.01%，埃及增长 6.43%，土耳其增长 3.57%；三是国际金融危机导致经济下滑，制造业吸收就业的能力下降。除去 2008 年缺少数据的国家，参与比较的国家总共有 23 个，2007 年制造业总的就业人数约为 11632 万人，2008 年为 11450 万人，总的就业人数减少了 182 万人，反映了制造业提供的就业机会明显减少。

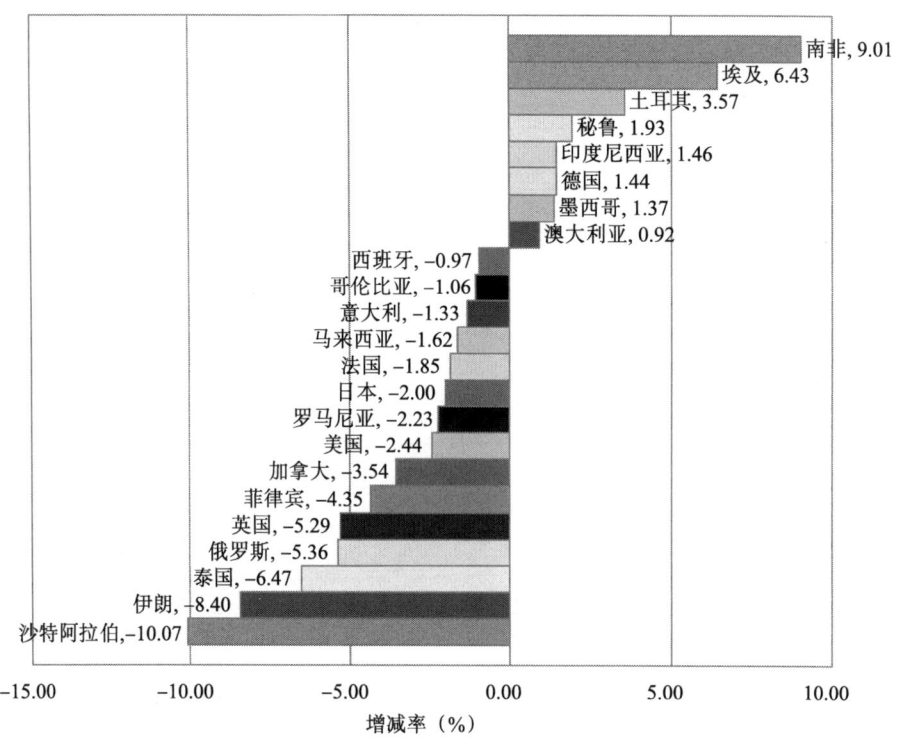

图 3-11　主要制造业国家 2008 年与 2007 年相比制造业就业人数增减变化图

二、制造业雇员工资的国际比较

制造业雇员工资反映了制造业单位劳动力的成本投入。根据国家统计局出版的《国际统计年鉴 2012》，制造业雇员平均工资主要存在两种统计口径，由于数据的可得性，我们剔除了个别国家。按小时工资统计的国家有德国、英国、法国、加拿大和西班牙，按月统计的国家主要有中国、日本、泰国、墨西哥和俄罗斯。

由表 3-28 可以看出，2004—2007 年，德国、英国、法国、加拿大和西班牙的平均每小时工资基本处于上升趋势，而 2008 年受金融危机的影响五国的工资都有所下降。总体来看，在这五个国家中，德国制造业雇员的平均工资最高，2007 年为 28.06 美元/小时，而西班牙制造业雇员的平均工资最低，为

16.74美元/小时。

由表3-29可以看出,日本的制造业雇员工资水平最高,2007年达到2968美元/月,而中国、泰国、墨西哥和俄罗斯的工资水平与日本相比差距很大,数据显示2007年泰国的工资水平最低,为209.98美元/月,其次是中国226.24美元/月,虽然这几个国家的工资水平在不断上升,但与发达国家的工资差距还是较大。中国制造业低工资水平导致了中国制造业具有成本优势。

表3-28　　　　全球主要制造业国家制造业雇员平均工资　　　单位:美元/小时

国家	2004年	2005年	2006年	2007年	2008年
德国	20.02	18.41	20.15	28.06	24.58
英国	19.41	19.20	21.49	24.07	18.36
法国	21.32	19.79	22.14	26.31	—
加拿大	16.59	17.25	17.84	22.01	17.16
西班牙	13.13	12.39	14.03	16.74	15.13

表3-29　　　　全球主要制造业国家制造业雇员平均工资　　　单位:美元/月

国家	2004年	2005年	2006年	2007年	2008年
中国	140.33	157.57	194.63	226.24	302.40
日本	2931.00	2921.00	2996.00	2968.00	2934.00
泰国	122.58	128.15	208.25	209.98	—
墨西哥	349.91	372.62	398.03	422.03	327.55
俄罗斯	273.96	252.63	407.96	515.16	642.00

注:数据来源于《国际统计年鉴2012》,汇率来源于国家外汇管理局网站。

三、制造业增加值的国际比较

如表3-30所示,2004—2008年全球主要制造业国家的制造业增加值基本呈上升的趋势,2009年受金融危机的影响,多数国家的制造业增加值出现了不同程度的下降。美国制造业增加值由2007年的17889亿美元下降到2008年的17556亿美元,2009年下降幅度更大,为16742亿美元,比2007年减少了6.41%,2010年迅速上升并超过2007年的增加值水平。德国2009年制造业增加值下降到5679亿美元,相对于2008年减少了1432亿美元,受金融危机的影响程度较大。除此之外,传统制造业强国中,韩国、法国、日本、英国、意大利、西班牙、土耳其、俄罗斯等国的制造业增加值都出现不同程度的减少。而一些发展中国家的制造业增加值虽然增速减慢，但是仍然处于上升的趋势，中国2009年增加值比2008年上升了8.05%，而2008年制造业增加值的增速是29.79%。印度、巴西、越南等国家的制造业没有出现下降的趋势。

从纵向来看，中国制造业在金融危机前一直发展较快，增速明显，平均达到20%左右，并且在2007年超过了日本成为全球第二大制造业国家。2009年受金融危机的影响，增速放缓，但仍处于上升的趋势。从横向上看，2010年，美国等传统制造业强国由于认识到实体经济的重要性，加大在制造业的投入力度，增加值迅速提高，而印度、泰国、越南等发展中国家的制造业也正在快速发展，未来，中国制造业将面临来自发展中国家和发达国家的双重威胁和挑战，制造业发展的压力进一步增大。

表3-30　　　　2004—2010年全球主要制造业国家制造业增加值　　　　单位：亿美元

国家和地区	2004年	2005年	2006年	2007年	2008年	2009年	2010年
美国	15454.00	16628.00	17258.00	17889.00	17556.00	16742.00	17794.70
中国	6252.41	7512.00	8931.00	11497.00	14922.00	16123.00	19061.86
日本	9619.31	9544.00	9266.00	9264.00	9230.80	9055.00	9702.04
德国	5655.20	5844.00	6145.00	7096.00	7111.00	5679.00	5679.02
韩国	1733.61	1999.00	2314.00	2568.00	2324.90	2088.00	2081.42
英国	2831.14	2696.00	2787.00	3096.00	2692.70	2176.00	2175.94
法国	2558.15	2492.00	2554.00	2897.00	3062.80	2536.00	2536.08
意大利	2948.72	2895.00	3100.00	3596.00	3446.80	3113.00	3064.59
印度	1009.68	1173.00	1407.00	1826.00	1773.10	1903.00	2394.51
巴西	1094.78	1400.00	1532.00	1814.00	2130.20	2169.00	2846.50
墨西哥	1113.82	1224.00	1710.00	1833.00	1994.20	1471.00	1733.72
加拿大	1294.69	—	1684.00	1782.00	—	—	1720.50
西班牙	1529.23	1562.00	1704.00	1934.00	1958.10	1724.00	1724.33
土耳其	348.82	836.00	913.00	1089.00	1181.20	935.00	927.15
印度尼西亚	730.21	795.00	1004.00	1169.00	1423.60	1422.00	1753.86
阿根廷	341.37	393.00	441.00	510.00	639.90	601.00	723.14
俄罗斯	916.90	1245.00	1514.00	1964.00	2561.80	1548.00	1618.78
泰国	557.87	613.00	726.00	880.00	951.60	900.00	900.58
澳大利亚	743.65	724.00	743.00	812.00	957.30	806.00	957.26
波兰	428.81	496.00	564.00	704.00	802.30	707.00	678.10

续表

国家和地区	2004年	2005年	2006年	2007年	2008年	2009年	2010年
马来西亚	372.29	409.00	460.00	519.00	521.90	492.00	492.13
沙特阿拉伯	—	—	331.00	364.00	394.00	391.00	439.00
埃及	128.99	146.00	167.00	195.00	244.70	287.00	307.39
南非	366.62	401.00	405.00	431.00	410.20	388.00	388.46
菲律宾	198.97	230.00	289.00	340.00	373.80	358.00	428.02
伊朗	181.19	222.00	242.00	298.00	408.00	—	407.93
巴基斯坦	156.79	191.00	229.00	259.00	313.20	263.00	282.31
哥伦比亚	—	—	235.00	301.00	329.00	307.00	401.00
越南	92.06	110.00	129.00	152.00	191.30	195.00	202.07
孟加拉国	87.71	96.00	103.00	118.00	136.80	155.00	172.37
秘鲁	—	—	135.00	157.00	188.00	169.00	236.00
摩洛哥	—	—	92.00	100.00	112.00	129.00	125.00
罗马尼亚	—	—	265.00	329.00	380.00	318.00	325.00

注：数据来源于《国际统计年鉴》（2008—2012），世界银行 WDI 数据库。

四、制造业全员劳动生产率的国际比较

全员劳动生产率，指根据产品的价值量指标计算的平均每一个从业人员在单位时间内的产品生产量，是企业生产技术水平、经营管理水平和职工技术熟练程度与劳动积极性的综合体现，可以作为考核企业经济活动表现的重要指标。对于全员劳动生产率的衡量指标有很多，由于数据的可得性，我们在这里使用就业人数的增加值指标进行衡量，即平均每一个从业人员在一段时间内所创造的增加值量。制造业全员劳动生产率可以从侧面反映出一国制造业的资本技术密集程度。

根据上述对制造业就业人数和增加值的分析，我们选取一些数据齐全的制造业国家进行比较分析。如表 3-31 所示，从横向比较来看，2004—2007 年各国制造业的劳动生产率都呈增长趋势，其中，土耳其的制造业劳动生产率上升最快，年均增长率为 30.52%，其次是俄罗斯（21.83%），第三是菲律宾（14.35%），中国制造业劳动生产率的年均增长率排名第四，为 12.8%。发达国家制造业劳动生产率的年均增长率普遍低于发展中国家，主要是因为发达国家的劳动生产率已经处于一个较高的水平，增长会比较缓慢。日本制造业劳动生产率近些年出现了下降，原因可能是日本制造业发展缓慢，劳动力成本高。

表3-31 2004—2007年全球主要制造业国家制造业全员劳动生产率比较

国家和地区	2004年（亿美元/万人）	2005年（亿美元/万人）	2006年（亿美元/万人）	2007年（亿美元/万人）	年均增长率（%）
美国	9.38	10.23	10.54	10.97	4.01
中国	2.05	2.34	2.66	3.32	12.80
日本	8.17	8.16	7.78	7.73	-1.37
德国	6.95	7.28	7.53	8.45	5.01
韩国	4.04	4.72	5.55	6.23	11.45
英国	7.42	7.09	7.42	8.27	2.75
法国	6.30	6.21	6.41	7.33	3.89
意大利	6.08	6.00	6.42	7.38	4.96
巴西	0.93	1.13	1.23	1.38	10.34
墨西哥	1.57	1.77	2.42	2.57	13.14
西班牙	5.02	5.02	5.48	6.26	5.68
土耳其	0.92	2.05	2.18	2.66	30.52
印度尼西亚	0.66	0.67	0.84	0.95	9.41
俄罗斯	0.72	0.99	1.21	1.59	21.83
泰国	1.05	1.15	1.37	1.57	10.64
澳大利亚	6.78	6.68	6.92	7.44	2.34
波兰	1.57	1.75	1.89	2.23	9.21
马来西亚	1.84	2.06	2.21	2.63	9.29
埃及	0.62	0.65	0.70	0.81	6.92
南非	2.14	2.35	2.33	2.40	2.88
菲律宾	0.65	0.75	0.95	1.11	14.35

注：数据来源于《国际统计年鉴》。

从纵向比较来看，中国制造业劳动生产率远低于发达国家和新兴经济体国家，例如，2007年中国制造业劳动生产率仅为3.32，在这些国家中排名第十位，但高于发展中国家。排名前九位的国家全是发达国家，美国制造业劳动生产率仍然位居榜首，2007年为10.97%；德国排名第二，为8.45%；然后是英国（8.27%）和日本（7.73%）。虽然我国的制造业劳动生产率增长较快，但仍然远远落后于发达国家，这也是我国全社会劳动生产率较低的一个主要诱因。

第三节 中国制造业发展中存在的问题

从前两节的分析比较中可以得出，中国制造业无论是在产业规模和产业结构方面，还是在对外贸易额和进出口商品结构及产业国际竞争力方面，都取得了较大的成就。但是，也应看到当前我国经济发展正处于产业结构调整、转变经济发展方式的时期，制造业发展过程中存在着许多尚未解决的关键性问题，例如：劳动力成本上升、资源匮乏和环境污染等，这些问题能否解决对于我国经济可持续发展具有重要的意义，也是中国制造业优化升级的目的所在。具体来说，中国制造业产业发展中主要存在以下问题：

一、产业规模大但效率低

近些年来，中国制造业产业规模迅速扩大，例如，1998—2011年制造业的工业总产值从58612.3亿元增长到2011年的733984亿元，年均增长19.79%，利润总额从954.54亿元增长到47843.10亿元，年均增长32.26%。但是中国制造业的迅速发展主要依靠的是资源和资金的大规模投入，发展方式粗放。这种高投入、高消耗的发展模式虽然带来了产业规模的增长，但经济效率却没有明显提高，例如，2011年制造业工业增加值率为21.58%，比1998年的25.61%有所下降，劳动生产率虽然有较大幅度提高，但增速明显低于制造业规模的增长速度，1998—2011年制造业劳动生产率的年均增长率为12.09%，同期制造业工业增加值的年均增长率为18.33%，工业总产值的年均增长率为19.79%。

二、产业结构不合理

近些年，中国制造业结构发生了明显变化，但仍存在不足之处。例如，资源加工工业增长过快，近年来在制造业中的比例呈快速上升的态势，资源加工工业的总产值比重从1998年的34.36%增长到2011年的38.47%，说明中国制造业依赖资源的粗放增长方式还在延续。2011年高技术产业产值、增加值、收入和利润在制造业中的比重分别为12.03%、12.15%、11.98%和10.55%，低于中低技术制造业的比重。同时，高技术产业研发投入强度远低于国际上通行数值，高技术产业进口依赖度高，国内生产大都集中在劳动密集型低附加值环节，使得高技术产业名不副实。根据国家知识产权局2011年的报道，美国、德国、法国和英国等发达国家高技术产业的研发投入强度均为制造业平均水平的3倍或4倍以上，而我国高技术产业研发投入强度只有制造业的1.6倍，远低于上述国家，说明我国高技术产业的技术密集程度低，自主创新能力较弱。

三、产品结构仍处于低端水平

近些年来，中国制造业进出口商品结构虽然有所调整，但仍然处于低端水平。1997—2012年，我国制成品进口总额中资本技术密集型产品进口额占比从64.21%增加到76.17%，远远大于劳动密集型产品的进口额，并且进口商品中以高技术产品为主；而同期制成品出口总额中资本技术密集型产品的出口额占比从33.49%增加到55.84%，劳动密集型产品的出口额占比从66.51%减少到44.16%，尽管资本密集型产品的出口额有所增长，但劳动密集型和低技术产品出口仍然占较大比重。以机床行业为例，国内高端数控机床发展滞后，对外依赖程度依然很高，国产中档数控系统国内市场占有率只有35%，而高档数控系统95%以上依靠进口（2012年装备工业蓝皮书）。又如钢铁产业，中国每年出口的钢材主要是以一些技术含量低的线材、螺纹钢筋、棒材、中板、窄带钢等品种为主，而进口的多是一些高洁净度、高强度、高塑性变形、高抗腐蚀性能的高端钢材（中国工程院"中国制造业可持续发展战略研究"咨询研究项目组，2010）。

四、技术创新能力薄弱

中国制造业技术创新能力薄弱，企业技术对外依存度高，产品国际竞争力不强，技术创新体系不完善，缺乏技术创新的资金和优秀人才，并且缺乏有效的知识产权保护，企业创新的积极性因不能获得预期的回报而受挫，导致整个制造业技术开发和技术创新能力十分薄弱。

近些年，我国科研投入有大幅度提高，但与发达国家相比仍有较大差距。从研发投入总额来看，近些年，我国研发投入逐年增长，2008年中国制造业研发投入766.64亿美元，约占国内生产总值的1.52%，而美国研发投入为

1099.49亿美元（占比2.68%），日本研发投入为1061.99亿美元（占比3.39%），2009年中国制造业研发投入总额达到948.65亿美元，超过日本的研发总额（906.18亿美元），居于世界第二位。但是从研发强度来看，中国制造业研发投入占销售收入比重处于落后的水平，2009年制造业研发强度仅有3%左右，与先进制造业国家相差较大，例如：美国、日本、法国在2008年研发强度已经超过了10%。这说明了我国在制造业科技研发方面的投入还需要不断加强。研发人员投入方面，从总量规模上看，我国投入到研发活动中的人力资源总量居世界前列，但是从人员的工作效率来看，中国制造业劳动生产率又远远落后于先进制造业国家，中国制造业全员劳动生产率2007年只有3.32%，大概只有多数发达国家制造业劳动生产率的一半左右。

五、产业国际竞争力较弱

一方面，中国制造业产业具有国际竞争力的产品主要是一些资源和劳动密集型产品，例如纺织服装、玩具、小家电等，这些产业的特征是高投入、高消耗、技术含量低、出口附加值低，获利能力也低。例如，我国出口8亿件衬衫的利润等于一架型号为330空中客车的利润。在这种情况下，虽然我国也获得了不少的利润，但是付出的资源和环境成本巨大，并且也容易招致国外某些国家的报复，加剧贸易摩擦的发生。另一方面，中国制造业中的大企业集团虽然近些年有所增加，企业规模也在不断扩大，但仍存在着研发能力弱、自主知识产权少、系统集成能力不强等问题，同世界大型跨国公司在能力和规模等方面仍有较大的差距。而中小企业则更加薄弱，中小企业技术来源不足、研发能力缺失、技术和管理人才匮乏、发展资金短缺等问题仍然十分严重。

六、利用外资质量不高，对外投资发展滞后

虽然中国制造业利用外资的规模在不断上升，1997年制造业实际利用外资金额约为281亿美元，2011年上升至521亿美元，增长了85.41%左右。但是我国对外资的吸收效果远低于外资的规模，第一，跨国公司以技术和设备进行对外直接投资时，一般转移的都是一些已经成熟和过时的技术和设备，对东道国来说，产业应用价值较低；第二，跨国公司一般只向东道国的子公司或拥有多数股权的合资企业转移技术，这种技术内部转移会在一定程度上减少技术溢出的广度和深度；第三，中国制造业企业的技术学习能力普遍较低，对技术

引进和溢出的消化吸收能力较弱；第四，跨国公司凭借技术和品牌优势，容易在某些产品市场上占据绝对优势，从而在某些产业形成垄断地位，导致国内企业被挤出市场。

相对于外资的迅速增长，中国制造业对外投资的规模仍然较小，发展滞后。2011年中国制造业对外直接投资金额为70.4亿美元，远低于利用外资的规模。另外，我国对外直接投资的区位较集中，2012年在亚洲和拉丁美洲的对外直接投资额占总投资额的80%以上，排名前三位的地区是中国香港、英属维尔京群岛和开曼群岛，对发达国家的投资占所有国家的9.3%。对外投资的产业主要集中于原材料和能源等低附加值产业，而在信息技术等高附加值产业的投资较小。

七、地区发展不平衡，某些产业重复建设严重

改革开放后，我国东部沿海地区由于地理位置条件，最先引进外资并以代工形式参与国际分工，制造业得到了迅速发展，而中西部地区制造业的发展相对滞后，通常以承接东部地区的产业转移来发展制造业。例如，2011年中国东部11个省市的制造业总产值占全国63.58%，而中西部19个省市只占36.42%。

各地在制定产业发展规划时所确定的产业发展重点有很大的相似性，除极少数边远省份外，各省市的产品门类和水平相差不大，没有明显的地区特色。各地之间经济互补性不强，重复投资和产能过剩严重，产品质量和可靠性不高，人力、财力、物力等无法有效整合，市场竞争混乱，实物增量高于价值增量，导致资源浪费、环境污染。产能过剩的行业主要集中在钢铁、建材、电解铝、机械、化工、轻纺、电子等，连新兴产业中的光伏电池和风电设备等均出现产能过剩（中国工程院"中国制造业可持续发展战略研究"咨询研究项目组，2010）。

八、体制机制不完善

我国教育、科技、经济发展不协调，缺乏宏观管理体制和协调机制，导致教育不能立足于科技发展和经济发展，教育体制落后，培养体制不能与企业接轨，培养出的学生缺乏独立创造能力。科技部门的技术研发与生产脱离，技术产业化率低，科技部门与企业部门缺乏合作，导致科研与经济发展不能接轨。

由于管理体制不健全,我国产、学、研合作还存在很多的问题。

综上所述,近些年来,我国的制造业取得了巨大的成就,1998—2011年,中国制造业的工业总产值年均增长率为19.79%,增加值年均增长18.33%,收入年均增长率为20.42%,利润年均增长32.26%。制造业在解决就业、税收、促进经济增长方面起到了重要作用,是国民经济的支柱产业。各级地方政府高度重视其发展,并不断加大投入,使制造业在产业规模、产品质量、技术水平方面显著提升。目前,中国制造业总体规模已居世界第二位,并培育出一批大型企业集团,成为了名副其实的"世界工厂"。但是也要注意,中国制造业还存在着很多急需解决的重大问题,例如,规模增长较快但经济效率低;产业、产品和区域结构不合理;技术创新能力薄弱;对外依赖程度高、产业竞争力弱;体制机制不完善等等。

第四章
中国制造业参与国际垂直专业化的状况

经济全球化的发展,使国际分工从产业层面深入到产品层面,产品的生产被分割成若干环节分散到不同国家或地区进行,形成了跨越国界的国际垂直专业化链条。在此背景下,中国制造业为什么要参与国际垂直专业化,参与的主要方式是什么?制造业总体和分行业参与国际垂直专业化的程度如何?与其他国家相比处于怎样的分工地位?国际垂直专业化给中国制造业发展带来的机遇和风险是什么?本节将对这些问题进行深入讨论,以了解中国制造业参与国际垂直专业化的状况。

根据 Hummels et al.(2001)的解释,国际垂直专业化包括进口中间品、国内加工生产和最终品出口的连续的多个生产环节,所以我们在判断中国制造业所处的国际垂直专业化地位时,有必要立足于全球背景,比较分析不同国家制造业的国际垂直专业化情况,只有这样才能更加客观地说明中国制造业在国际垂直专业化中的地位。

第一节 中国制造业参与国际垂直专业化的动因

本书在文献综述中已经对国际垂直专业化产生的动因进行了系统梳理,已有的研究通常是在国际贸易理论和产业组织理论框架下进行分析,其中国际贸易理论框架下主要是利用比较优势和规模经济理论进行阐释,而产业组织理论框架下的分析主要是基于交易理论和契约理论。除此之外,国际垂直专业化的动因还包括贸易自由化带来的关税、运输、信息成本下降等种种因素。

然而由于中国制造业的发展特点（例如加工贸易发展迅速），对于中国制造业参与国际垂直专业化的动因，除了上述所列的种种因素之外，还包括跨国公司发展战略的调整、亚洲"四小龙"的示范效应和中国制造业发展瓶颈等其他因素。

一、跨国公司战略调整

随着科技发展和贸易壁垒减少，经济全球化步伐加快，使得跨国公司在全球范围内进行生产安排成为可能。一方面，跨国公司通过 FDI 的方式在其他国家（多是发展中国家）设立子公司或合资公司，利用当地的资源和劳动力条件进行生产并出口到当地市场或国际市场；另一方面，跨国公司通过外包的形式将产品的非核心生产环节转移至发展中国家生产，而自己则专注于产品的核心生产环节，从而降低生产成本，提高生产率，提升产品国际竞争力。跨国公司内部垂直一体化和契约外包的生产模式促进了国际垂直专业化的发展。

中国制造业初期是以加工贸易的方式嵌入国际垂直专业化当中，即跨国公司以 FDI 形式在中国建立工厂，由其子公司或合资公司进行生产并出口，在这个过程中，跨国公司的 FDI 为中国制造业发展提供了资金和技术积累，带动了相关配套产业的快速发展。随着产业竞争加剧，跨国公司不再局限于一国的内部垂直一体化分工模式，而是将产品不同生产阶段或环节外包给多个国家进行专业化生产，而自己则控制核心环节的生产。中国通过承接跨国公司的某个生产阶段而参与到跨国公司主导的国际垂直专业化体系中，为中国制造业的迅速发展提供了机遇。例如，跨国公司不仅为中国制造业发展提供了资金和技术，而且由于跨国公司垂直专业化的技术扩散效应对中国制造业提高技术创新能力和产业升级提供了可能。

二、"亚洲四小龙"的示范效应

Gereffi（1999）认为，20 世纪 60 年代到 20 世纪 90 年代中期，"亚洲四小龙"（韩国、中国台湾、中国香港、新加坡）在经济领域实现的较高的人均增长率、相对较低的收入不平等、高教育水平、达到历史最高水平的国内储蓄和投资以及迅速增长的出口等成就（称为"东亚奇迹"）发生的主要原因是采用以出口为导向的工业化发展战略。此后，亚洲其他国家也纷纷借鉴其发展经验，在不同程度上促进了本国经济增长。

第二次世界大战后至20世纪60年代中期，为了实现工业化，摆脱发达国家在消费品领域的经济控制，一些发展中国家（东亚、拉美等国）在经济发展战略上实施进口替代战略，以促进本国民族工业的发展，进口替代战略的实施为这些国家的工业化建设奠定了基础并加快了其工业化进程。但是经过一定程度的发展，进口替代战略也暴露出一些问题。例如，贸易逆差，外汇收支不平衡，不利于技术进步和效率提升等制约一国经济发展的消极因素。20世纪60年代中期，随着科技进步，发达国家实现了产业升级换代，国内要素成本的上升促使发达国家逐渐将一些劳动和资源密集型的产品生产环节转移到发展中国家，"亚洲四小龙"国家正是利用这次产业转移的机会，将进口替代战略调整为出口导向型经济发展战略，采取各种措施促进工业部门的出口，包括出口关税减免、出口退税、出口补贴、保险等政策措施，建立出口加工区、自由贸易区、经济特区等方式，积极吸引外资，鼓励出口加工，积极嵌入到发达国家跨国公司主导的垂直专业化分工体系中，实现了长达40余年的经济持续增长。

三、中国制造业发展瓶颈

新中国成立后，为了实现工业化，促进经济增长，像多数发达国家和发展中国家一样，中国实施了进口替代型经济发展战略，优先发展重工业，"一五"时期我国国民收入年均增长8.9%，但是从1958年开始我国实行了经济赶超战略，这种经济发展战略是一种高浪费、低效率的发展模式，1958年基本建设比1957年增长97%，1959年重工业的产值比重由1958年的35.2%上升至43.8%，农业产值比重由34.3%下降至25.1%，国家大量占用消费资金和压低农业投入来增加工业项目（周树立，2003）。这种经济发展战略使我国在20世纪70年代末形成了相对完整的工业体系，促进了经济增长，但进口替代和赶超战略也给我国的经济发展带来了一些弊端，赶超战略使得工人工资下降，人们生活水平降低。优先发展重工业战略导致我国的产业结构失衡。由于我国的重化工业的发展是建立在高投入基础上的粗放式发展模式，长期将导致资源枯竭和环境污染等问题，另外进口替代会不利于替代部门的技术进步，也会导致贸易结构失衡，国际收支不平衡等问题。为了促进经济发展，提高人民生活水平，我国必须要根据国际经济形势的变化，及时调整国内经济发展战略，实施出口导向型战略，积极参与国际分工，促进工业技术进步，提高生产率,实现工业的可持续发展。

第二节　中国制造业参与国际垂直专业化的主要方式

在国际垂直专业化体系中,发展中国家主要通过两种方式融入发达国家跨国公司的全球价值链中:一是吸引 FDI,通过与跨国公司建立合资企业或为跨国公司的子公司提供配套产品的方式融入全球价值链中;二是发展中国家通过承接跨国公司资源和劳动密集型生产环节而嵌入全球价值链中,即发展中国家进口中间品,根据跨国公司要求进行组装加工后再出口,出口的产品在国际产品链中又可能成为中间品被用于其他产品的生产,其中加工贸易是一种特殊的中间品贸易形式。

一、利用 FDI 方式

跨国公司以 FDI 的方式在中国建立子公司或合资公司,目的是利用中国的资源和劳动力优势进行生产加工,并将加工后的产品出口到国际市场或直接在中国市场进行销售。通过 FDI 中国制造业参与到了国际垂直专业化体系中,不仅获得了发展制造业所需的物质资本、生产设备和技术,而且通过 FDI 的技术溢出会对中国制造业的技术进步和经济增长带来促进效应(MacDougall, 1960;Caves,1974;Javorcik,2004;姚洋和章奇,2001;颜鹏飞和王兵, 2004;张海洋,2005 等)。从中国利用 FDI 合同项目数角度,改革开放后,中国利用 FDI 可以分为五个阶段:第一阶段,1979—1991 年,中国利用 FDI 的起步阶段;第二阶段,1992—1999 年,中国利用 FDI 的波动阶段;第三阶段, 2000—2004 年,中国利用 FDI 的快速增长阶段;第四阶段,2005—2009 年, 中国利用 FDI 的下降阶段;第五阶段,2010 年以来,中国利用 FDI 的复苏阶段。

(一)制造业 FDI 规模

由表 4-1 可以看出,中国制造业利用 FDI 的合同项目数和实际使用金额都呈现阶段性变化趋势，1997—2011 年呈先下降、再快速上升、然后再迅速下降之后再缓慢回升的波动态势，制造业 FDI 的合同项目数和实际使用金额占全国的比重都呈现持续下降的趋势，但比重仍然较大（40% 以上），说明制造业仍然是外商直接投资重点产业。随着中国制造业生产成本上升和产业结构调整，外商直接投资的领域发生了变化，表现为制造业 FDI 的合同项目数和实际使用金额占全国的比重不断下降。从制造业中外商投资企业（包括中国港澳台商投资企业）的角度分析，首先，2009 年以前外商投资企业数量呈逐年递增趋势，占制造业总企业数的比重也基本呈上升的态势，但上升的幅度较小；其次，外商投资企业的总产值和增加值都呈现递增的趋势，在制造业中的比重基本都在 30% 左右，并且也呈现上升的趋势，但幅度较小。这说明，在中国制造业中，虽然外商投资企业的数量相对较小，但其却是制造业总产值和增加值增长的主要来源之一，这也间接反映了中国制造业中本土企业在生产能力方面的不足与落后。

表 4-1　　　　　　　　　　中国制造业 FDI 的规模

年份	FDI 合同项目数（个）	占全国比重（%）	实际利用FDI 金额（万美元）	占全国比重（%）	外商投资工业企业数（个）	占比（%）	外商投资工业企业总产值（亿元）	占比（%）	外商投资工业企业增加值（亿元）	占比（%）
1997	14716	70.07	2811983	62.13	—	—	—	—	—	—
1998	13477	68.07	2558238	56.27	—	—	—	—	—	—
1999	12042	70.74	2260334	56.06	25306	17.65	17894.59	28.48	4419.75	26.66
2000	15988	71.54	2584417	63.48	26786	18.55	22090.50	29.88	5442.78	28.06
2001	19106	73.09	3090747	65.93	29600	19.41	25555.87	30.75	6411.96	29.18
2002	24930	72.96	3679998	69.77	32437	20.00	30499.38	31.82	7695.80	29.69
2003	29281	71.28	3693570	69.03	36511	20.15	42185.00	33.12	10601.00	31.10
2004	30386	69.59	4301724	70.95	40585	19.93	—	—	—	—
2005	28928	65.74	4245291	70.37	53667	21.34	76134.25	34.95	18805.11	32.86
2006	24790	59.77	4007671	63.59	57904	20.73	95882.06	34.92	23722.21	32.75
2007	19193	50.68	4086482	54.66	64253	20.53	122430.30	34.62	29969.86	31.89
2008	11568	42.04	4989483	54.00	74188	18.69	143125.20	32.43	—	—
2009	9767	41.68	4677146	51.95	71860	17.74	146125.00	30.49	—	—
2010	11047	40.31	4959058	46.90	70609	16.71	181892.80	29.84	—	—
2011	11114	40.11	5210054	44.91	54659	18.13	208747.10	28.44	—	—

注：2007 年以前外商投资工业企业即为"三资"工业企业，"—"表示数据缺失（以下相同），数据来源于《中国统计年鉴》。

(二) 制造业 FDI 结构

我们以制造业 FDI 的产值分布结构来反映制造业 FDI 的结构,即用分行业外资企业的总产值占外资企业总产值的比重表示。

从纵向看表 4-2,可以发现制造业 FDI 产值分布非常集中,通信设备、计算机及其他电子设备制造业的比重在 22% 以上,而交通运输设备和电器机械及器材制造业的比重都在 7% 以上,分行业中 FDI 产值比重较小的行业是烟草制造业、家具制造业、印刷业和记录媒介的复制、石油加工、炼焦及核燃料加工业以及废弃资源和废旧材料回收加工业(比重都在 1% 以下)。这表明中国制造业 FDI 集中分布在中高技术行业和高技术行业领域。

从横向来看,制造业各行业外商投资企业的产值比重变化主要有两种:一是呈上升趋势,主要包括石油加工、炼焦及核燃料加工业,化学原料及化学制品制造业,金属冶炼及压延加工业,通用设备制造业,专用设备制造业,交通运输设备制造业,电器机械及器材制造业及通信设备、计算机及其他电子设备制造业;二是呈下降趋势,除上述以外的制造业行业。这也表明中国制造业中高技术行业和高技术行业较低技术行业和中低技术行业更易吸引 FDI。

从以上分析中可以发现,中国制造业 FDI 结构不均衡,集中度非常高。一方面,有利于中国制造业顺利进入中高技术行业领域,实现产业结构升级;另一方面,由于跨国公司的技术和品牌优势,若其集中投资于某个行业,可能会将行业中的本土企业挤出市场,从而垄断该行业,并且由于资源过于集中于某个行业而可能会对其他行业的要素投入产生挤出效应,导致其他行业发展缓慢。

表 4-2　　制造业各行业外商投资企业产值占制造业外商投资企业总产值的比重　　单位:%

行业代码	1999 年	2000 年	2001 年	2002 年	2003 年	2005 年	2006 年	2007 年	2008 年	2009 年	2010 年	2011 年
13	4.53	3.89	3.82	3.87	3.87	3.99	3.71	3.94	4.42	4.65	4.26	4.25
14	2.57	2.55	2.57	2.55	2.07	1.79	1.87	1.89	1.96	2.14	1.96	2.18
15	2.57	2.33	2.14	1.97	1.66	1.37	1.50	1.49	1.54	1.70	1.56	1.68
16	0.06	0.03	0.05	0.03	0.03	0.01	0.01	0.01	0.003	0.002	0.002	0.002
17	5.40	4.95	4.82	4.62	4.28	4.16	3.87	3.60	3.36	3.39	3.30	3.24

续表

行业代码	1999年	2000年	2001年	2002年	2003年	2005年	2006年	2007年	2008年	2009年	2010年	2011年
18	5.51	5.03	4.67	4.33	3.72	2.97	2.85	2.77	2.75	2.81	2.51	2.29
19	3.83	3.44	3.35	3.14	2.71	2.37	2.26	2.09	1.93	1.94	1.93	1.85
20	1.00	0.94	0.83	0.68	0.62	0.55	0.53	0.54	0.50	0.49	0.47	0.45
21	0.75	0.75	0.78	0.81	0.84	1.02	0.99	0.92	0.84	0.80	0.78	0.71
22	2.06	2.27	2.23	2.17	1.86	1.89	1.82	1.78	1.82	1.72	1.73	1.62
23	0.99	0.90	0.95	0.91	0.81	0.61	0.56	0.53	0.52	0.52	0.45	0.43
24	1.88	1.67	1.60	1.52	1.34	1.17	1.11	1.04	0.98	0.94	0.89	0.78
25	0.84	1.09	1.64	1.60	1.48	1.65	1.65	2.14	2.09	1.94	2.14	2.17
26	5.03	5.36	5.37	5.23	5.09	5.45	5.73	6.08	6.29	6.38	6.83	7.53
27	1.89	1.83	1.77	1.72	1.49	1.36	1.31	1.31	1.47	1.78	1.72	1.75
28	1.82	1.98	0.89	0.95	0.68	0.94	0.97	0.99	0.84	0.77	0.85	0.92
29	1.43	1.30	1.22	1.28	1.13	1.10	1.03	0.99	1.13	1.18	1.04	1.00
30	3.78	3.75	3.66	3.42	3.07	2.81	2.72	2.59	2.52	2.43	2.37	2.17
31	3.02	2.93	3.01	2.81	2.24	2.19	2.21	2.31	2.45	2.50	2.48	2.50
32	1.60	1.54	1.82	1.60	2.05	3.57	3.78	3.91	4.46	3.99	3.71	3.88
33	1.34	1.33	1.12	1.10	1.10	1.57	2.16	2.32	2.30	2.10	2.20	2.29
34	4.24	4.37	3.98	3.87	3.15	3.11	3.07	3.22	3.21	2.73	2.77	2.69
35	2.94	2.95	3.02	3.28	3.34	3.77	3.87	4.09	4.35	4.18	4.33	4.35
36	1.51	1.51	1.63	1.79	1.80	1.96	2.14	2.30	2.71	2.72	2.92	2.87
37	7.63	7.36	7.83	8.71	10.61	8.74	9.69	9.98	10.33	12.53	13.36	13.17
38	7.08	7.26	7.16	6.66	6.52	6.83	7.04	7.23	7.41	7.31	7.39	7.29
39	22.50	24.46	25.95	27.15	28.57	29.48	28.00	26.61	24.63	23.47	23.09	22.95
40	2.22	2.23	2.14	2.21	2.59	2.40	2.37	2.19	1.97	1.68	1.68	1.66
41	—	—	—	—	1.27	1.07	1.08	1.05	1.05	1.03	1.05	1.07
42	—	—	—	—	0.02	0.13	0.13	0.12	0.18	0.16	0.23	0.24

注：本表中行业代码代表的行业见本书表3-1中的行业分类。数据来源于《中国统计年鉴》。2004年的数据缺失。

二、加工贸易方式

经过多年的高速发展，加工贸易在发展过程中突显出诸多问题，2006年年末和2007年上半年，我国政府出台了一系列带有限制性的"加工贸易新政"，对加工贸易实行紧缩性宏观经济政策。2008年国际金融危机的爆发，波及了我国的加工贸易出口,使得加工贸易出口在2009年出现了负增长。加工贸易占对外贸易的比重从2007年的45.4%降为2011年的35.8%,低于一般贸易比重。

(一) 加工贸易总体状况

我国的加工贸易从20世纪80年代开始发展至今,经历了一个超速发展时期。首先,从增长速度来看,如表4-3和图4-1所示,1981—2012年这30余年间,除了2009年受金融危机影响进出口额有所减少外,我国加工贸易进出口额从1981年的26.35亿美元上升到2012年的13439.52亿美元,增长了510倍还多,年均增长率达到21.51%。其中,加工贸易出口额从1981年的11.31亿美元增长到2012年的8626.77亿美元,年均增长率为23.05%;进口额从1981年的15.04亿美元增长到2012年的4812.75亿美元,年均增长率为19.75%,并且总体上加工贸易出口增长率要快于进口增长率。其次,从比重来看,如表4-3和图4-2所示,1981—2012年,加工贸易进出口额占全部进出口额的比重由5.98%迅速上升至34.75%,2012年加工贸易进出口额占中国进出口总额的1/3还多。其中,加工贸易出口额占出口总额的比重2012年为42.11%,是1981年(5.14%)的8倍还多,加工贸易出口额占比在1995—2007年达到50%以上,2008年开始受金融危机的影响,出口额及占比有所下降;加工贸易进口额的比重也出现了先上升后下降的态势,进口额所占比重低于出口额所占比重,且进口额从1989年开始低于出口额,加工贸易处于顺差状态,且顺差有不断变大的趋势。

表4-3　　　　1981—2012年中国加工贸易进出口额、增长率

及占进出口总额比重情况

年份	加工贸易进出口额			加工贸易出口额			加工贸易进口额			加工贸易增值率(%)
	金额(亿美元)	增长率(%)	比重(%)	金额(亿美元)	增长率(%)	比重(%)	金额(亿美元)	增长率(%)	比重(%)	
1981	26.35	—	5.98	11.31	—	5.14	15.04	—	6.83	-24.80
1982	37.05	40.61	8.90	15.77	39.43	7.07	21.28	41.49	11.03	-25.89
1983	44.02	18.81	10.09	20.01	26.89	9.00	24.01	12.83	11.22	-16.66
1984	60.76	38.03	11.35	29.29	46.38	11.21	31.47	31.07	11.48	-6.93

续表

年份	加工贸易进出口额			加工贸易出口额			加工贸易进口额			加工贸易增值率（%）
	金额（亿美元）	增长率（%）	比重（%）	金额（亿美元）	增长率（%）	比重（%）	金额（亿美元）	增长率（%）	比重（%）	
1985	75.90	24.92	10.91	33.16	13.21	12.12	42.74	35.81	10.12	-22.41
1986	115.31	51.92	15.61	51.41	55.04	16.62	63.90	49.51	14.89	-19.55
1987	176.40	52.98	21.34	81.38	58.30	20.63	95.02	48.70	21.99	-14.35
1988	265.79	50.67	25.86	128.33	57.69	27.01	137.46	44.66	24.87	-6.64
1989	344.82	29.73	30.88	188.04	46.53	35.79	156.78	14.05	26.51	19.94
1990	441.80	28.12	38.27	254.20	35.18	40.94	187.60	19.66	35.16	35.50
1991	574.60	30.06	42.34	324.30	27.58	45.10	250.30	33.42	39.24	29.56
1992	711.21	23.77	42.97	396.07	22.13	46.63	315.14	25.90	39.10	25.68
1993	805.96	13.32	41.18	442.36	11.69	48.22	363.60	15.38	34.97	21.66
1994	1045.50	29.72	44.18	569.80	28.81	47.09	475.70	30.83	41.15	19.78
1995	1320.77	26.33	47.03	737.18	29.38	49.55	583.59	22.68	44.18	26.32
1996	1466.02	11.00	50.57	843.27	14.39	55.83	622.75	6.71	44.86	35.41
1997	1698.08	15.83	52.22	996.02	18.11	54.49	702.06	12.74	49.31	41.87
1998	1730.53	1.91	53.42	1044.54	4.87	56.86	685.99	-2.29	48.92	52.27
1999	1844.60	6.59	51.15	1108.82	6.15	56.88	735.78	7.26	44.40	50.70
2000	2302.10	24.80	48.54	1376.52	24.14	55.24	925.58	25.80	41.12	48.72
2001	2414.08	4.86	47.37	1474.34	7.11	55.41	939.74	1.53	38.59	56.89
2002	3021.27	25.15	48.67	1799.27	22.04	55.26	1222.00	30.04	41.40	47.24
2003	4047.84	33.98	47.57	2418.49	34.42	55.19	1629.35	33.33	39.47	48.43
2004	5496.65	35.79	47.61	3279.70	35.61	55.28	2216.95	36.06	39.50	47.94
2005	6904.79	25.62	48.56	4164.67	26.98	54.66	2740.12	23.60	41.52	51.99
2006	8318.27	20.47	47.25	5103.55	22.54	52.67	3214.72	17.32	40.62	58.76
2007	9860.35	18.54	45.30	6175.60	21.01	50.60	3684.75	14.62	38.54	67.60
2008	10534.91	6.84	41.10	6751.14	9.32	47.19	3783.77	2.69	33.41	78.42
2009	9091.53	-13.70	41.18	5868.62	-13.07	48.84	3222.91	-14.82	32.04	82.09
2010	11576.61	27.33	38.93	7402.79	26.14	46.92	4173.82	29.50	29.89	77.36
2011	13052.20	12.75	35.84	8354.20	12.85	44.01	4698.00	12.56	26.95	77.82
2012	13439.52	2.97	34.75	8626.77	3.26	42.11	4812.75	2.44	26.47	79.25

注：数据来源于《中国贸易外经统计年鉴 2013 年》。

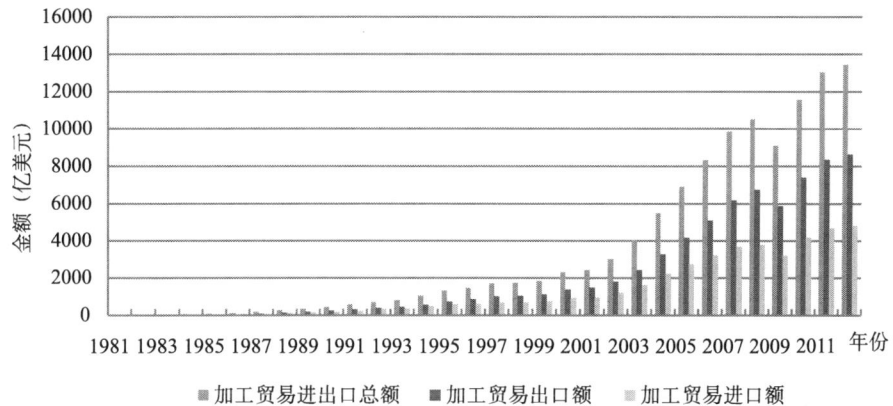

图4-1 1981—2011年中国加工贸易进出口总额、出口总额和进口总额变化图

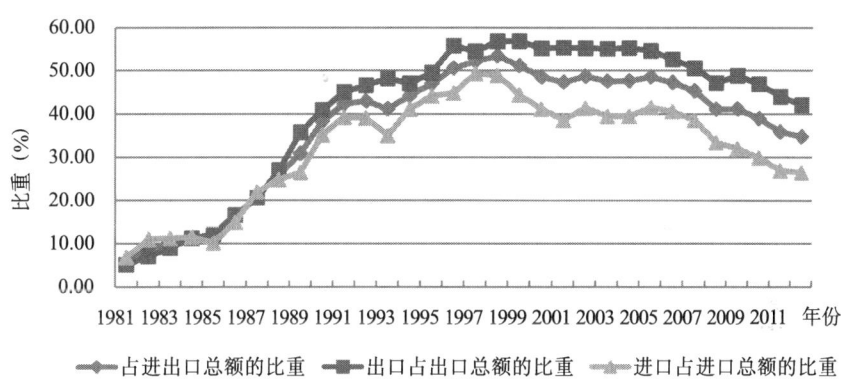

图4-2 1981—2012年中国加工贸易进出口额分别
占对外贸易进出口总额的比重变化图

(二) 加工贸易增值率

加工贸易增值率是用加工贸易净出口额除以加工贸易进口额。如表4-3和图4-3所示,我国加工贸易增值率1989年之前均为负数,表明当时我国加工贸易产业层次较低,创汇能力较弱。此后加工贸易增值率呈现迅速上升趋势,在1998年达到了一个峰顶(52.27%),接着1999—2000年有所降低,2001年又有所回升,2004—2009年逐年提高,由47.94%增长到82.09%,2009年达到历史最高水平。表明我国加工贸易效益水平在逐年提高,加工贸易产业结构正逐步升级。我国加工贸易正在吸引项目技术含量更高、规模更大

的跨国公司进入，中华人民共和国商务部等有关政府部门也在这一时期采取了一些促进加工贸易转型升级的措施。

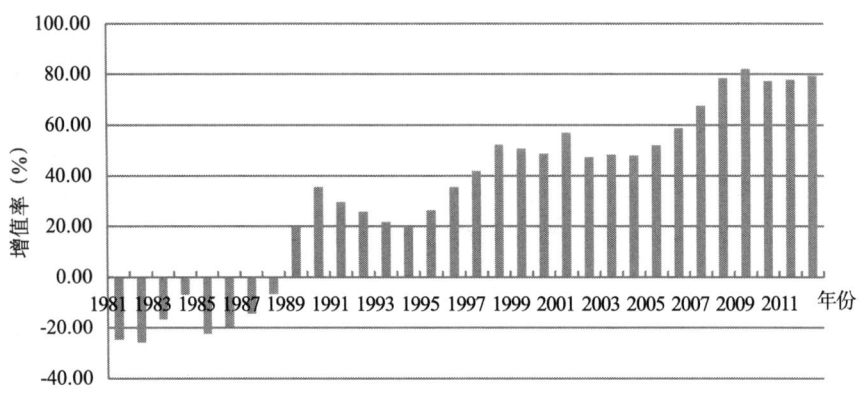

图 4－3　1981—2012 年中国加工贸易增值率变化图

第三节　中国制造业参与国际垂直专业化的程度及国际比较

对中国制造业参与国际垂直专业化程度进行测度，可以帮助我们了解中国制造业在国际垂直专业化中的发展情况，并且通过与其他国家和地区的比较，有助于我们进一步了解中国制造业在国际垂直专业化中的地位，为我们后续分析国际垂直专业化对中国制造业技术创新能力和产业升级的影响奠定基础。

一、测度方法及说明

现有文献中最常用和普遍承认的测度行业国际垂直专业化程度的方法是 Hummels et al.（2001）建立的 VS（Vertical Specialization）指标。行业的 VS 指标有两种计算方法，第一种是 VS 值方法，即一个行业出口产品中包含的进口中间投入品的价值，是绝对指标，其具体计算方法是：

$$VS_i = \left(\frac{imp\ int_i}{gout_i}\right) \times \exp_i \tag{4-1}$$

其中，$imp\,int_i$ 代表行业 i 的进口中间投入；$gout_i$ 代表行业 i 的总产出；exp_i 代表行业 i 的出口额。

第二种是 VS 份额方法（通常表示为 VSS），是在 VS 值的基础上计算其占行业出口额的比例，是相对指标，用公式表示为：

$$VSS_i = \frac{VS_i}{\exp_i} = \frac{imp\,int_i}{gout_i} \qquad (4-2)$$

其中，VSS_i 表示行业 i 总产出的进口中间投入品份额，或行业 i 的 VS 份额。

根据公式（4-1）和（4-2）可以计算一国制造业行业总出口的 VS 份额：

$$VSS = \frac{VS}{\exp} = \frac{\sum_i VS_i}{\sum_i \exp_i} \qquad (4-3)$$

其中，$VS = \sum_i VS_i$，表示制造业各行业 VS 值的总和；$\exp = \sum_i \exp_i$，表示制造业各行业出口额的总和；VSS 也就表示一国制造业总出口的 VS 份额。

将公式（4-1）代入公式（4-3）中可以得到：

$$\begin{aligned}VSS &= \frac{VS}{\exp} = \sum_i \left(\frac{imp\,int_i}{gout_i}\right) \times \exp_i \div \sum_i \exp_i \\ &= \sum_i \left[\left(\frac{imp\,int_i}{gout_i}\right) \times \left(\frac{\exp_i}{\exp}\right)\right]\end{aligned} \qquad (4-4)$$

由公式（4-4）可知，一国制造业总出口的 VS 份额由两部分组成。一部分是各行业的 VS 份额，另一部分是各行业出口额占总出口额的比重，将公式（4-4）写成矩阵形式如下：

$$VSS = \mu A^M \exp^v \div \exp \qquad (4-5)$$

其中，μ 是由 1 组成的 $1 \times n$ 维向量；n 是行业数，$A^M = \{a_{ij}\}_{n \times n}$ 代表各行业单位产出的进口中间投入系数矩阵，元素 a_{ij} 指的是 j 行业单位产出中使用的来自 i 行业的进口中间投入；$\exp^v$ 为各行业的出口向量。

上式没有考虑到间接进口中间投入，即国内中间投入中来自国外的进口投入。因为进口投入可能在国内制造业各部门中经过多次循环利用后才出口，因此，进口投入应该包括直接进口投入和间接进口投入，则公式（4-5）可以修改为：

$$VSS = \mu A^M [I - A^D]^{-1} \exp^v \div \exp \qquad (4-6)$$

其中，$A^D = \{d_{ij}\}_{n \times n}$ 是各行业单位产出的国内中间投入系数矩阵，即国内消耗系数矩阵，元素 d_{ij} 指的是 j 行业单位产出中使用的来自 i 行业的国内中间投入。$A^M + A^D = A$，A 为直接消耗系数矩阵；$[I - A^D]^{-1}$ 是里昂惕夫逆矩阵，反映的是进口中间投入最终包含在出口产品之前，在国内各经济部门或各生产阶段循环使用的效果。由于 Hummels et al.（2001）采用 OECD（主要经济合作组织）投入产出数据是非竞争型的投入产出表，即把各部门的中间使用和最终使用区分为国内和进口两部分，所以可以直接利用公式（4-6）进行计算。

对于一些利用中国投入产出表计算中国制造业出口的垂直专业化水平的文献，由于我国的投入产出表都是进口竞争型的，所以不能直接利用公式（4-6）计算。为此，北京大学中国经济研究中心（CCER）课题组（2006）给出了两个假设条件（详见 CCER，2006）。如果用 I_i^M 和 I_i^D 分别表示中间产品部门中进口投入品和国内生产的数量，L_i^M 和 L_i^D 分别表示最终产品部门中进口投入品和国内生产的数量，假设条件二可以表示为：

$$\frac{I_i^M}{I_i^D} = \frac{L_i^M}{L_i^D} = \frac{I_i^M + L_i^M}{I_i^D + L_i^D}$$

令 λ_{ij} 表示生产 j 部门产品时，使用的来自 i 部门中间投入品中进口品的比例，进而可以得出：

$$\lambda_i = \frac{I_i^M}{I_i^M + I_i^D} = \frac{I_i^M + L_i^M}{I_i^M + I_i^D + L_i^M + L_i^D} = \frac{I_i^M + L_i^M}{I_i^D + L_i^D + I_i^M + L_i^M},$$

即 i 部门中间投入品中进口品的比例等于 i 部门的总进口÷（总产出+进口-出口）。由于数据的限制，无法直接求出所有部门使用的来自 i 部门中间投入品中进口品的比例即矩阵 $\{\lambda_{ij}\}_{n \times n}$，但是根据假设条件一，所有部门使用的 i 部门的中间投入品中，进口投入品的比例在各个部门都是一样的，即我们只要求出一个列向量 $\{\lambda_i\}_{n \times 1}$，在 A 矩阵的每行都乘以相同的比例就得到了 A^M 矩阵。之后的很多学者基本上都是借鉴上述方法进行垂直专业化比率的测算（例如黄先海和韦畅，2007；盛斌和马涛，2008；张明志和李敏，2011等）。

但是，文东伟和冼国明（2010）认为以上的研究对于如何将各部门的中间投入和最终使用分解为国内和进口两部分，不同的假定导致不同的结果，从而使得该分解存在较大的误差，另外对于中间投入的确认存在一定的主观性，中国按国际贸易分类标准统计的进出口贸易数据，并没有对产品的用途进行区分，因此在确认各部门使用的进口中间投入时存在一定的主观性。基于此，文东伟和冼国明（2010）采用了 OECD 提供的投入产出数据库，测算出中国制造业各行业和总体的出口的国际垂直专业化份额。除了以上的两种投入产出表外，还有一种投入产出表是 WIOD（World Input – Output Data base）提供的全球投入产出表，该投入产出表提供了世界 41 个国家和地区的非竞争型的投入产出数据，但是该投入产出表对制造业行业划分比较粗糙，导致结果误差较大。

为了便于比较，本书分别以 OECD 的投入产出表和 WIOD 的投入产出表为例，分析中国制造业参与国际垂直专业化的程度，并同其他国家和地区进行比较。

二、利用 OECD 投入产出表的测度

（一）数据来源及说明

本书参照的是 2012 年修订的 OECD 投入产出表，其中，包括 33 个 OECD 国家和 15 个非 OECD 国家，涉及 1995 年、2000 年和 2005 年的数据。由于 OECD 投入产出表中的产业分类标准《国际标准产业分类》（ISIC3.0）与我国国民经济产业分类标准不一致，按照大多数学者的方法，以国际标准产业分类为基准，将按照我国国民经济分类的 30 个制造业行业整合为 18 个制造业行业。包括食品、饮料和烟草，纺织、纺织品、皮革及鞋类制品，木材及制品，纸浆、纸张、纸制品、印刷和出版，焦炭、炼油产品及核燃料，化学品及化学产品，橡胶和塑料制品，其他非金属矿物制品，黑色和有色金属，金属制品（机械设备除外），机械设备，办公、会计和计算机设备，电器机械和设备，广播、电视和通信设备，医疗、精密和光学仪器，汽车、挂车及半挂车，其他交通设备，其他制造业、再生品。

根据 OECD 投入产出数据库（2012 年版）所包含的经济体，本书共选择了 15 个具有代表性的国家和地区作为研究样本。采用国际货币基金组织（IMF）2013 的分类，将这些国家和地区分为二组，即先进经济体、新兴市场和发展中经济体。其中，先进经济体选择的是在 OECD 中经济发展程度最高的 7 个国家和韩国及中国台湾地区。G–7 国家包括美国、英国、法国、意大利、德国、日本、加拿大。这 7 个国家制造业出口额占 OECD 国家总出口额的比重超过80%（UNCTAD, 2013）。新兴市场和发展中经济体包括印度、印度尼西亚、巴西、南非、土耳其和中国。

（二）中国制造业总体的国际垂直专业化水平与国际比较

根据公式（4-6），表4-4列出了中国制造业总体的国际垂直专业化水平，并进行了国际比较。

表4-4　1995年、2000年、2005年中国制造业总体的VS指数、增长率及国际比较

经济体类型	经济体	1995年	2000年	2005年	增长率
新兴市场和发展中经济体	中国	0.1229	0.1640	0.2132	73.47
	印度	0.0630	0.1066	0.1772	181.27
	印度尼西亚	0.1796	0.1838	0.1276	-28.95
	巴西	0.0776	0.0929	0.1074	38.40
	南非	0.0790	0.1305	0.1465	85.44
	土耳其	0.1377	0.1853	0.2215	60.86
先进经济体	美国	0.1021	0.1293	0.1236	21.06
	日本	0.0617	0.0750	0.1166	88.98
	英国	0.2225	0.2331	0.2237	0.54
	法国	0.1921	0.2524	0.2445	27.28
	德国	0.1844	0.2246	0.2286	23.97
	意大利	0.1978	0.2227	0.2320	17.29
	加拿大	0.2935	0.3319	0.2914	-0.72
	中国台湾	0.3322	0.3618	0.4224	27.15
	韩国	——	0.2901	0.4503	——

数据来源：作者根据OECD Input-Output Database（2012）计算得出。

由表4-4分析对比，可以得到以下结论。

第一，中国与先进经济体比较，中国制造业参与国际垂直专业化程度较低，低于多数先进经济体。2005年，除了美国和日本以外，多数先进经济体制造业的国际垂直专业化程度较高，VS指数基本都在0.22以上，而同期中国的VS指数是0.21左右，与先进经济还存在一定的差距。从增长速度看，中国制造业垂直专业化程度从1995年的0.1229上升到2005年的0.2132，增长了

73.47%，仅低于先进经济体样本中的日本（88.98%），而其他先进经济体的制造业国际垂直专业化水平增长较慢，基本都在20%左右，英国增长率较小，加拿大的国际垂直专业指数甚至出现下降。

第二，中国与其他新兴市场和发展中经济体的比较。中国制造业参与国际垂直专业化程度高于多数发展中经济体，但低于土耳其（0.2215）。例如，2005年，印度的国际垂直专业化水平只有0.1772，印度尼西亚为0.1276，巴西为0.1074，南非为0.1465。从增长率来看，1995—2005年，印度和南非制造业的国际垂直专业化水平增长较快，而印度尼西亚则出现了负增长。

通过以上比较，可以说明虽然中国制造业参与国际垂直专业化程度迅速增长，但与先进经济体相比，仍然处于中低位置，表明中国制造业的国际垂直专业化水平仍有较大的提升空间。

（三）中国制造业分行业的国际垂直专业化水平

从表4-5可以发现，中国制造业分行业的国际垂直专业化水平及其VS指数增长率存在明显的差异。从国际垂直专业化水平的平均值看，办公、会计和计算机设备，广播、电视和通信设备以及医疗、精密和光学仪器的国际垂直专业化水平较高，分别是0.3620、0.2949和0.1955；焦炭、炼油产品及核燃料，食品、饮料和烟草以及其他非金属矿物制品的国际垂直专业化水平较低，分别是0.0242、0.0317和0.0683。在某种程度上表明，高技术行业的国际垂直专业化水平较高，低技术行业的国际垂直专业化水平较低。可能的原因是，高技术行业的生产过程较复杂，生产环节较多，并且通常生产环节可以进行分割，但是低技术行业的生产过程相对比较简单，生产环节也较少，不便进行分割生产，所以对国际垂直专业化的要求较低。从增长率看，高技术行业国际垂直专业化水平的增长率远远高于低技术行业水平，近年来中国高技术行业贸易规模迅猛增长的主要原因之一就是其国际垂直专业化水平的迅速增长。而低技术行业多是一些资源和劳动密集型的产业，国际垂直专业化水平低，出口价值基本都是由本国制造。

三、利用WIOD投入产出表的测度

（一）数据来源及说明

由于OECD的投入产出表只有3年的数据，无法判断时间趋势变化，因

表4-5　　1995—2005年中国制造业分行业的 VS 指数及变化

行　　业	1995年	2000年	2005年	平均值	变　化	
					（1995—2000）	（2000—2005）
食品、饮料和烟草	0.0325	0.0311	0.0316	0.0317	-0.0419	0.0140
纺织、纺织品、皮革及鞋制品	0.1302	0.1227	0.1228	0.1252	-0.0575	0.0005
木材及制品	0.0852	0.1056	0.0897	0.0935	0.2385	-0.1501
纸浆纸张纸制品、印刷和出版	0.1073	0.2003	0.1394	0.1490	0.8664	-0.3042
焦炭、炼油产品及核燃料	0.0360	0.0186	0.0181	0.0242	-0.4824	-0.0288
化学品及化学产品	0.1055	0.1164	0.1376	0.1198	0.1037	0.1821
橡胶和塑料制品	0.1361	0.1620	0.0842	0.1274	0.1900	-0.4798
其他非金属矿物制品	0.0690	0.0691	0.0669	0.0683	0.0021	-0.0325
黑色金属	0.0800	0.0927	0.1114	0.0947	0.1580	0.2021
金属制品（机械设备除外）	0.1063	0.1073	0.1225	0.1120	0.0094	0.1411
机械设备	0.1502	0.1302	0.1698	0.1501	-0.1329	0.3043
办公、会计和计算机设备	0.2170	0.4074	0.4617	0.3620	0.8771	0.1333
电器机械和设备	0.1450	0.1786	0.2651	0.1962	0.2317	0.4844
广播、电视和通信设备	0.1485	0.3266	0.4095	0.2949	1.1998	0.2538
医疗、精密和光学仪器	0.1413	0.1598	0.2855	0.1955	0.1314	0.7859
汽车、挂车及半挂车	0.1211	0.1492	0.1738	0.1480	0.2322	0.1649
其他交通设备	0.1305	0.1267	0.1703	0.1425	-0.0289	0.3438
其他制造业、再生品	0.1135	0.1474	0.1418	0.1342	0.2983	-0.0376

数据来源：作者根据 OECD Input-Output Database（2012）计算得出。

此，本书采用 WIOD（2013）的投入产出表进行测度，该投入产出表提供了1995—2011年的世界40个国家和地区的投入产出数据，包括27个欧盟国家和13个其他主要国家。WIOD 投入产出表中的产业分类标准是《国际标准产业分类》（ISIC3.0），与我国国民经济产业分类标准不一致。本书以国际标准产业分类为基准，将我国国民经济分类的30个制造业行业整合为14个制造业行业。包括：食品、饮料和烟草，纺织及纺织制品，皮革及鞋类制品，木材及制品，纸浆、纸张、纸制品、印刷和出版，焦炭、炼油产品及核燃料，化学品及化学产品，橡胶和塑料制品，其他非金属矿物制品，基本金属和金属制品，机械设备，交通设备，电子与光学制造，其他制造业、再生品。为了便于国际比较，仍按照 IMF（2013）的分类标准，将这些国家和地区分为先进经济体、新兴市场和发展中经济体。

（二）中国制造业总体的国际垂直专业化水平与国际比较

计算方法仍然是根据公式（4-6），表4-6列出了中国制造业总体的国际垂直专业化水平，并进行了国际比较。从表4-6和图4-4、4-5中可以看出，从1995—2011年的VS平均值来看，中国的垂直专业化水平与先进经济体相比处于低端位置，与发展中经济体和新兴市场相比也基本处于低端位置。由于2008年爆发了金融危机，VS指数也出现了下降，为了准确反映VS指数的增长情况，我们仅计算了1995—2007年的增长率。中国制造业VS指数增长率在先进经济体中排名靠前，但在发展中经济体和新兴经济中处于中等水平，表明我国的制造业参与国际垂直专业化的程度仍然有较大的提升空间。这与利用OECD投入产出表得出的结论基本一致。

（三）中国制造业分行业的国际垂直专业化水平与国际比较

我们列举了几个代表性制造业行业的国际垂直专业化指数，并分别与先进经济体和发展中经济体比较，这几个行业包括劳动密集型制造业（纺织及纺织制品），资本密集型制造业（焦炭、炼油产品及核燃料、化学品及化学产品、基本金属和金属制品），技术密集型制造业（机械设备、交通设备、电子与光学制造）。表4-7列出了1995—2011年中国与其他国家和地区制造业分行业的VS指数平均值。中国制造业分行业的国际垂直专业化水平低于先进经济体和部分发展中经济体，纺织业、焦炭炼油产品及核燃料、化学产品的国际垂直专业化水平呈减少的趋势，而机械设备、交通设备、电子与光学制造等行业的国际垂直专业化呈上升的态势。

表4-6　1995—2011年中国制造业总体的VS指数、增长率及国际比较

经济体类型	经济体	1995—2011年平均值	1995—2007年增长率（%）
先进经济体	马耳他	0.4996	-15.20
	捷克	0.3491	84.27
	斯洛伐克	0.3386	100.39

续表

经济体类型	经济体	1995—2011年平均值	1995—2007年增长率（%）
先进经济体	斯洛文尼亚	0.3332	27.76
	爱沙尼亚	0.3309	11.60
	中国台湾	0.3251	19.27
	比利时	0.3145	6.22
	奥地利	0.2528	44.00
	葡萄牙	0.2477	24.09
	加拿大	0.2338	-8.68
	韩国	0.2222	10.67
	荷兰	0.2142	-0.57
	爱尔兰	0.2034	-19.24
	丹麦	0.1984	12.56
	西班牙	0.1932	26.54
	德国	0.1919	52.94
	法国	0.1870	28.60
	英国	0.1853	0.87
	希腊	0.1681	25.11
	芬兰	0.1628	24.70
	意大利	0.1483	19.68
	美国	0.1182	25.68
	澳大利亚	0.0911	31.12
	日本	0.0701	121.41
新兴市场和发展中经济体	匈牙利	0.3989	136.41
	墨西哥	0.3569	15.30
	保加利亚	0.2095	76.45
	波兰	0.2089	127.62
	罗马尼亚	0.2069	66.39
	立陶宛	0.1969	13.06
	土耳其	0.1740	91.86
	中国	0.1532	45.55
	印度	0.1328	151.68
	印度尼西亚	0.1295	-17.99
	俄罗斯	0.0774	-11.92
	巴西	0.0755	45.43

注：作者根据WIOD计算得出，由于卢森堡、塞浦路斯、拉脱维亚、瑞典缺少数据，所以不包括在内。

第四章 中国制造业参与国际垂直专业化的状况 93

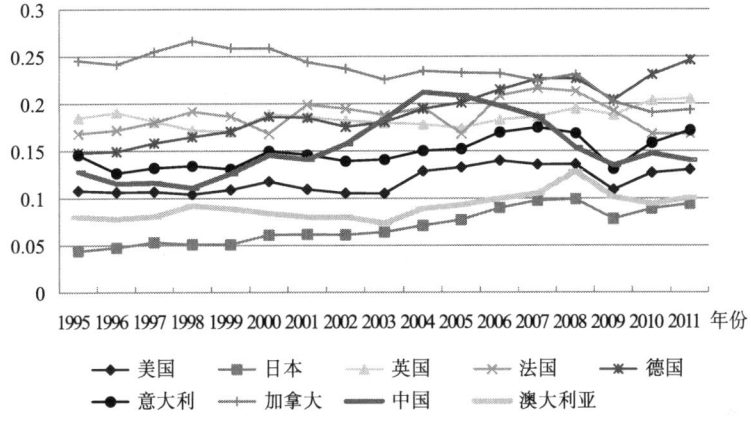

图 4-4 中国与先进经济体 VS 指数变化情况比较

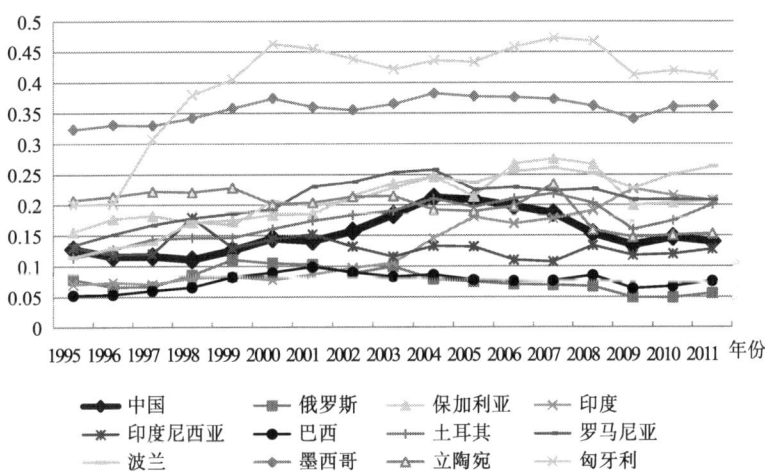

图 4-5 中国与新兴市场和发展中经济体 VS 指数变化情况比较

表 4-7   1995—2011 年中国制造业分行业 VS 指数的国际比较

经济体类型	国家（地区）	纺织业	焦炭、炼油产品及核燃料	化学品及化学产品	基本金属和金属制品	机械设备	交通设备	电子占光学制造
先进经济体	澳大利亚	0.1113	0.0251	0.1215	0.0942	0.1614	0.1374	0.1439
	奥地利	0.2220	0.0486	0.2151	0.2745	0.2566	0.2701	0.4102
	比利时	0.3296	0.2396	0.3191	0.3654	0.3215	0.2856	0.4842

续表

经济体类型	国家（地区）	纺织业	焦炭、炼油产品及核燃料	化学品及化学产品	基本金属和金属制品	机械设备	交通设备	电子占光学制造
先进经济体	加拿大	0.2192	0.0486	0.1866	0.1852	0.2298	0.3157	0.3786
	捷克	0.3113	0.0589	0.2957	0.2906	0.3370	0.4946	0.4168
	德国	0.2215	0.0520	0.1606	0.2132	0.1834	0.2041	0.2520
	丹麦	0.2452	0.0423	0.1851	0.2734	0.2575	0.2739	0.3200
	西班牙	0.1592	0.0421	0.1704	0.1675	0.1721	0.2486	0.3130
	爱沙尼亚	0.3556	0.1063	0.3042	0.4090	0.3604	0.5364	0.3065
	芬兰	0.1749	0.0523	0.1765	0.2288	0.2126	0.2050	0.2432
	法国	0.1629	0.0790	0.2030	0.1974	0.1777	0.2191	0.2928
	英国	0.1637	0.0230	0.1652	0.1821	0.1909	0.2336	0.2713
	希腊	0.1857	0.0195	0.2269	0.2872	0.2312	0.2375	0.1600
	爱尔兰	0.2318	0.1383	0.1143	0.2683	0.3080	0.3846	0.3641
	意大利	0.1095	0.0290	0.2176	0.1752	0.1496	0.1661	0.1970
	日本	0.0559	0.0076	0.0609	0.0656	0.0753	0.0828	0.0688
	韩国	0.1829	0.0343	0.2059	0.2379	0.2111	0.2955	0.2037
	马耳他	0.3234	0.3065	0.4234	0.3656	0.3290	0.6259	0.2932
	荷兰	0.2949	0.0707	0.2810	0.2694	0.2443	0.2254	0.3397
	葡萄牙	0.1971	0.0507	0.2373	0.3075	0.2816	0.3777	0.3993
	斯洛伐克	0.3165	0.0598	0.2871	0.2453	0.3456	0.4285	0.5378
	斯洛文尼亚	0.3394	0.2824	0.2911	0.3545	0.3514	0.3382	0.4960
	中国台湾	0.2122	0.0277	0.3255	0.2870	0.2872	0.4087	0.2778
	美国	0.1048	0.0091	0.0995	0.1222	0.1263	0.1221	0.1815
新兴市场和发展中经济体	保加利亚	0.1909	0.0428	0.2765	0.2087	0.2604	0.3438	0.3015
	巴西	0.0645	0.0214	0.0955	0.0639	0.0960	0.1637	0.1405
	匈牙利	0.3443	0.0713	0.2246	0.3358	0.3369	0.5087	0.4893
	印度尼西亚	0.2040	0.0075	0.1167	0.1437	0.4016	0.2113	0.1824
	印度	0.0742	0.0122	0.1236	0.1086	0.1313	0.1277	0.1265
	立陶宛	0.3440	0.0750	0.0606	0.3176	0.2606	0.3098	0.2388
	墨西哥	0.2070	0.0400	0.1200	0.2098	0.2953	0.5408	0.3463
	波兰	0.2226	0.0427	0.1921	0.2311	0.2069	0.2665	0.3124
	罗马尼亚	0.2937	0.0347	0.2096	0.1942	0.2004	0.2422	0.2302
	俄罗斯	0.2134	0.0152	0.1016	0.0597	0.1258	0.1147	0.2287
	土耳其	0.1590	0.0293	0.1633	0.2118	0.1852	0.2275	0.2495
	中国	0.1116	0.0192	0.1060	0.0905	0.1274	0.2340	0.1357

注：作者根据 WIOD 计算得出，由于卢森堡、塞浦路斯、拉脱维亚、瑞典缺少数据，所以不包括在内。

第四章 中国制造业参与国际垂直专业化的状况　　95

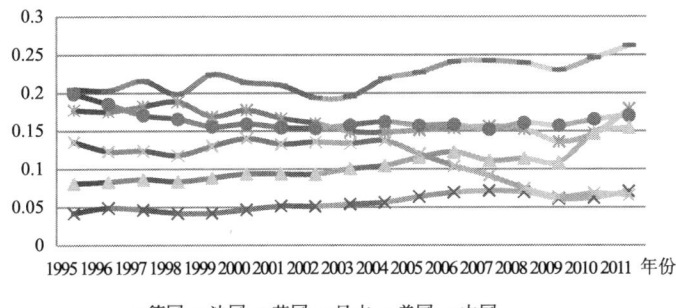

图 4-6　中国与先进经济体纺织业 VS 指数变化情况比较

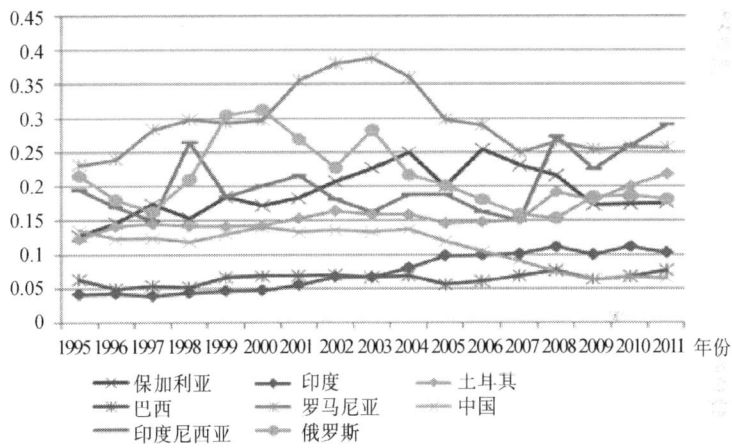

图 4-7　中国与新兴市场和发展中经济体纺织业 VS 指数变化情况比较

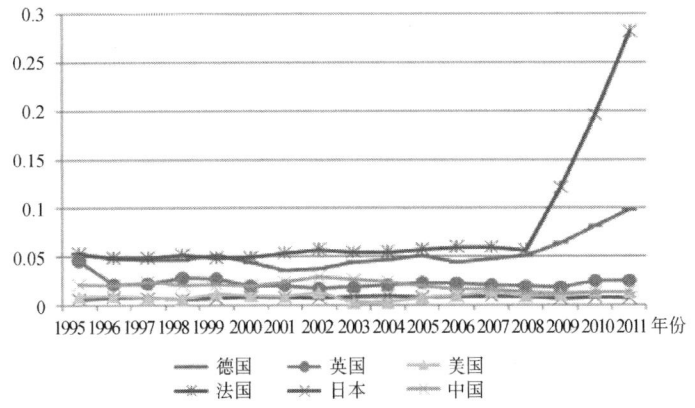

图 4-8　中国与先进经济体焦炭业 VS 指数变化情况比较

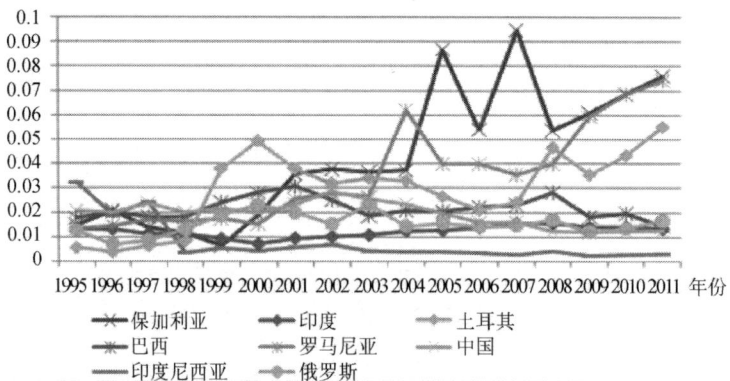

图4-9 中国与新兴市场和发展中经济体焦炭业 VS 指数变化情况比较

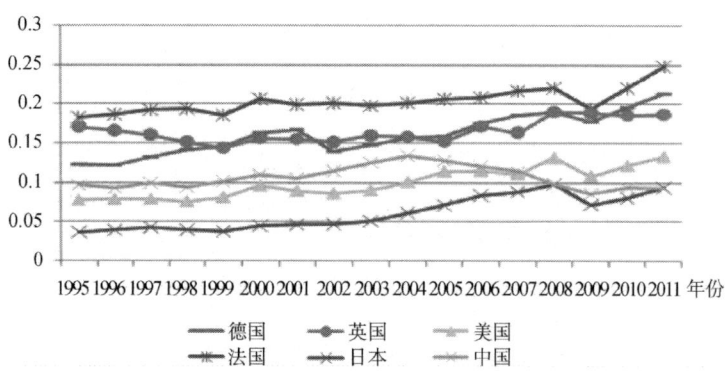

图4-10 中国与先进经济体化学品业 VS 指数变化情况比较

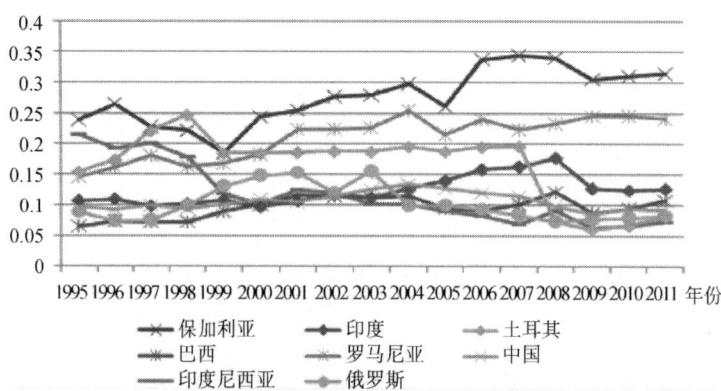

图4-11 中国与新兴市场和发展中经济体化学品业 VS 指数变化情况比较

第四章 中国制造业参与国际垂直专业化的状况 97

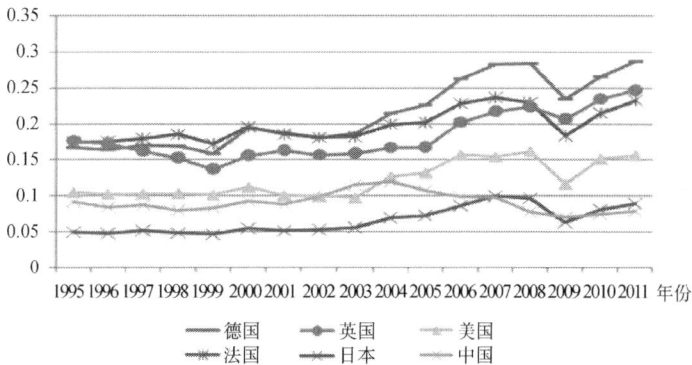

图 4-12 中国与先进经济体基础金属业 VS 指数变化情况比较

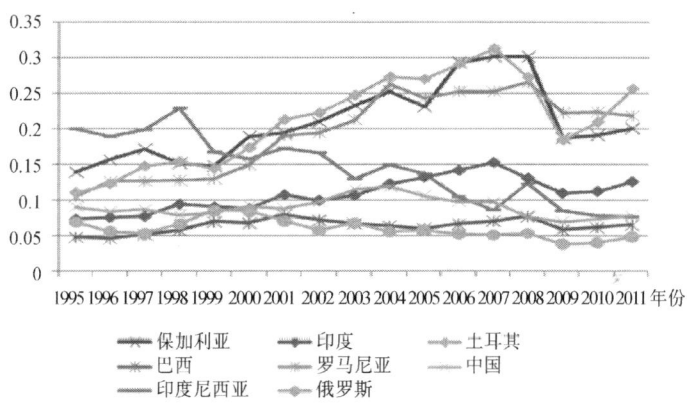

图 4-13 中国与新兴市场和发展中经济体基础金属业 VS 指数变化情况比较

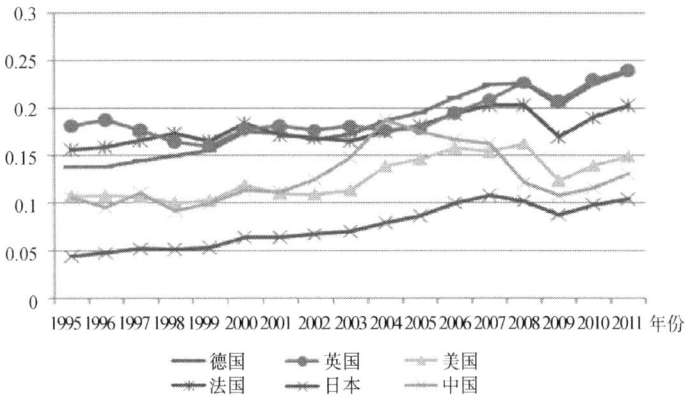

图 4-14 中国与先进经济体机械业 VS 指数变化情况比较

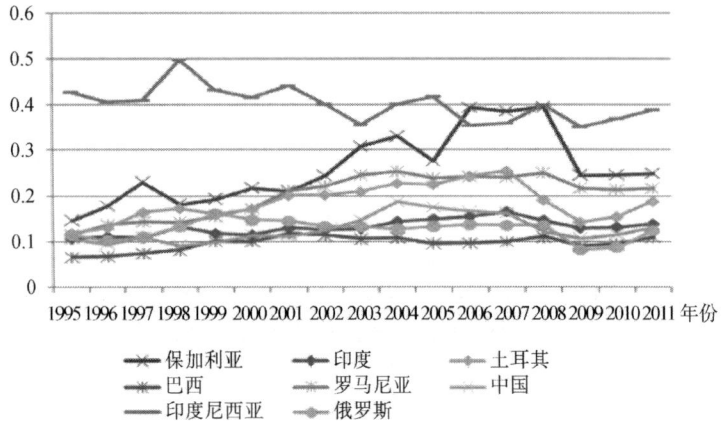

图 4-15 中国与新兴市场和发展中经济体机械业 VS 指数变化情况比较

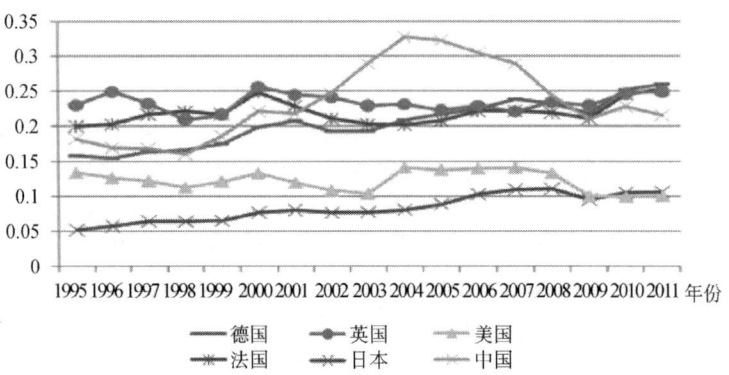

图 4-16 中国与先进经济体交通业 VS 指数变化情况比较

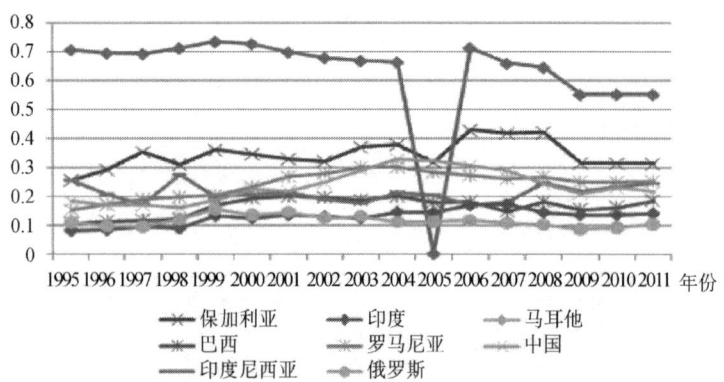

图 4-17 中国与新兴市场和发展中经济体交通业 VS 指数变化情况比较

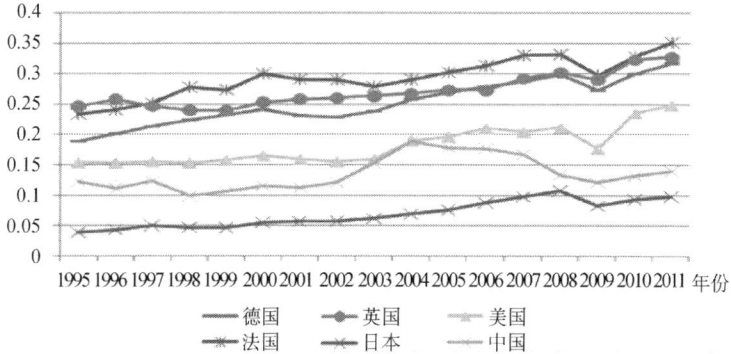

图 4-18　中国与先进经济体电子业 VS 指数变化情况比较

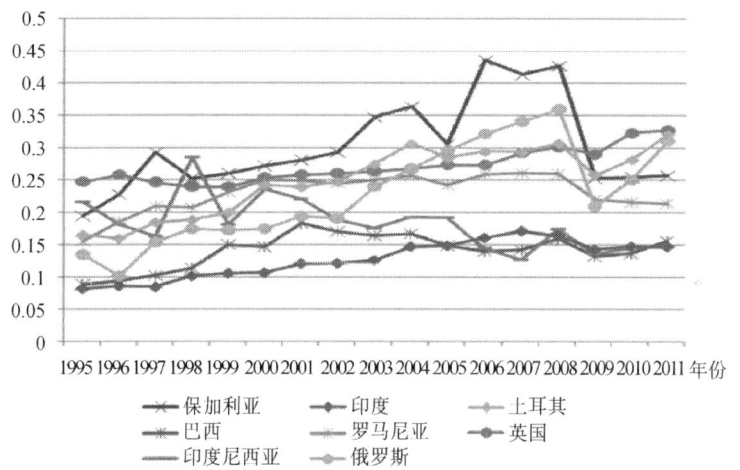

图 4-19　中国与新兴市场和发展中经济体电子业 VS 指数变化情况比较

第四节　国际垂直专业化下中国制造业的发展机遇与风险

对于中国的制造业发展来说，参与跨国公司主导的国际垂直专业化，会给制造业发展带来机遇，但同时也会给制造业的发展带来一定的风险。我们要做的就是以国际垂直专业化为契机，积极参与国际垂直专业化促进中国制造业技术创新和产业升级，同时要采取各种政策措施规避可能的风险。下面本书对国际垂直专业化给中国制造业发展带来的机遇和可能存在的风险进行分析，从而为政府制定相关政策措施奠定基础。

一、国际垂直专业化下中国制造业的发展机遇

参与国际垂直专业化，对制造业的技术创新能力提升和产业升级都会产生积极的促进作用。

（一）促进制造业技术创新能力的提升

一般来说，国际垂直专业化的领导企业都是跨国公司，跨国公司通过FDI在中国建立子公司或合资公司进行内部分工。一方面，在这个过程中，跨国公司为了保证产品质量，会主动向其子公司转移技术，并且在技术转移的过程中也会产生一定的技术溢出，如果跨国公司投资于中国的制造业领域，则制造业企业通过吸收跨国公司的技术溢出，有助于产业技术创新能力的提升；另一方面，为了降低成本，提高生产率，跨国公司会将一些不具有比较优势的产品生产环节（通常是低附加值组装加工环节）外包给中国等发展中国家，这些国家在组装加工后将产成品出口到其他国家或直接在市场上（国内和国际）销售。在这个过程中，中国制造业企业作为接包方，主要是通过进口跨国公司的零部件和中间品并进行加工生产，最后将产成品出口或国内销售。一方面，进口的零部件和中间品如果是高技术含量的产品，则在加工过程中，中国制造业企业会通过"逆向工程"学习掌握跨国公司的先进技术；另一方面，在出口过程中，由于产成品进口国的质量和环保等方面的严格标准会促使中国的制造业企业努力提高技术水平，从而也会有利于产业技术创新能力的提升。

（二）促进制造业升级

参与跨国公司主导的国际垂直专业化，给中国制造业升级带来了机遇。在参与国际垂直专业化的初期阶段，中国制造业发展存在资金不足和技术落后的缺陷，仅仅依靠自有的力量是无法实现制造业快速发展的，借鉴东亚国家和日本的经验，我国在制造业领域实施了出口导向战略，积极吸引外商直接投资，从而为中国制造业的建立和发展提供了必须的资金和技术以及管理经验。随着技术进步，跨国公司从劳动密集型产业转向了资本和技术密集型产业的生产，其在中国的投资领域也相应发生了改变，对于中国的制造业企业来说，通过与跨国公司建立合资企业或为其子公司提供配套产品等方式参与到跨国公司的内部一体化分工中，有利于制造业实现从劳动密集型产业向资本技术密集型产业的升级，这主要发生在参与国际垂直专业化的初期阶段。

随着中国制造业参与国际垂直专业化程度的深入，制造业升级的内涵发生了变化，传统的产业结构升级已经不能用来解释新国际分工下制造业的升级，而理论界出现的全球价值链概念为理解制造业升级提供了新的思路，从全球价值链出发，制造业升级指的是制造业成功实现从价值链的低附加值环节向高附加值环节的攀升，即价值链升级。中国制造业参与跨国公司主导的国际垂直专业化体系中，一方面，通过国际垂直专业化技术溢出机制会给国内制造业企业带来技术和管理知识。通过外资企业的技术示范效应、竞争效应、产业关联效应和人力资本效应等机制，国内制造业企业获得了技术知识，有利于技术进步和技术效率提升。长期来看，中国制造业由于积累了一定的资本（物质资本和人力资本）并且技术水平得到了极大的提高，即实现了比较优势的升级，从而使得跨国公司将产品的研发中心和售后等高附加值环节转移到中国，与此同时国内制造业企业也会在参与分工的同时逐渐由加工制造业向设计和自主品牌生产转变（即从 OEM—ODM—OBM），实现产业升级。另一方面，国际垂直专业化对制造业技术创新能力的提升也会直接促进产业升级。因为技术创新是产业升级的核心动力，发达国家之所以能够占据产品的高附加值价值链环节，很大程度上归因于发达国家在技术上的优势。我国政府也早已认识到技术创新的重要作用，从财政、金融、法律、体制等各方面提出了各种促进技术创新的政策措施，以推动我国比较优势升级，最终实现产业升级。

二、国际垂直专业化下中国制造业发展可能存在的风险

任何事情都是相对的，既有有利的一面，也有不利的一面。同样，中国制造业参与国际垂直专业化，给制造业发展带来机遇的同时也存在一定的风险，表现为可能会不利于技术创新和产业升级。

（一）不利于制造业技术创新能力提升

跨国公司主导的国际垂直专业化，可能会阻碍中国制造业提升技术创新能力，主要原因有：第一，跨国公司投资制造业，会使国内制造业企业参与到跨

国公司的内部分工中，在有限的研发资源情况下，跨国公司对本国制造业的研发投入会产生一定的挤出，不利于本国制造业技术创新；第二，中国制造业企业凭借资源和劳动力优势参与国际垂直专业化，在低成本投入的情况下获得了一定的分工利益，这对于一些研发能力较弱，资本积累不足和制度环境较差的中小企业来说，会使得这些企业长期依赖跨国公司的垂直专业化分工，而不思进取，甚至害怕创新，阻碍整个制造业产业的技术创新能力提升。

（二）不利于制造业实现价值链升级

跨国公司主导的国际垂直专业化，可能会将中国制造业锁定在低附加值价值链环节，而不利于制造业价值链升级，这也是目前学术界关注的主要问题之一，近些年围绕国际垂直专业化对发展中国家的价值链"锁定效应"的讨论成为理论界的一个热点问题。学者们认为产生"锁定效应"的主要原因有：第一，跨国公司出于维护竞争优势的考虑，一般不会将产品的核心技术和零部件转移到中国，所以中国制造业参与跨国公司的内部分工或国际外包获得的仅是一些成熟的非核心技术，对于该技术领域的产品或产业来说，由于在一段时期内无法掌握核心技术，从而无法成为产品价值链的主导者，即占据高附加值价值链环节；第二，跨国公司为了实现低成本竞争优势，会想尽办法将中国制造业企业压制在低附加值价值链环节；第三，实现比较优势升级是一个长期的复杂过程，需要企业、产业和政府等多方面的配合，在这个过程中，跨国公司可能会从资本和技术获取渠道、人员流动方面给国内制造业企业带来一定的阻挠，使得中国制造业实现比较优势升级的进程缓慢或无法实现。

第五章
国际垂直专业化与中国制造业技术创新能力提升

参与国际垂直专业化,对发展中国家技术创新能力提升具有长远深入的影响。对于这一影响机制,学术界存在两种相反的观点:一种观点认为由于国际垂直专业化的技术溢出机制,只要发展中国家参与了由发达国家所主导的国际垂直专业化体系,就能通过学习模仿国际先进技术和组织管理知识而提高技术创新能力。Hobday(1995)通过对东亚国家和地区(韩国、新加坡、中国台湾、中国香港)的研究,发现国际代工是后发国家和地区企业获取外国技术的重要机制;另一种观点认为跨国公司为保持竞争优势,往往对参与分工的发展中国家企业进行核心技术控制,不利于发展中国家的技术提升,并且发展中国家代工企业可能会对跨国公司产生依赖而不愿进行技术研发活动,从而阻碍技术创新能力的提升。本章将针对这两个观点进行实证检验。

第一节 中国制造业技术创新的现状

目前,中国制造业的自主创新能力较弱,研发投入严重不足,一些重大的技术装备仍需要进口。分析制造业技术创新现状,有助于了解目前中国制造业技术创新能力,明确发展方向。本书从以下两个方面分析制造业技术创新现状:一是技术创新的投入现状;二是技术创新的产出现状。与分析制造业发展现状的思路一样,本书在这里仍然分别从制造业总体和分行业两个角度分析制造业技术创新的现状。

由于本书是依据我国的投入产出表计算垂直专业化指数,从而根据投入产出表的行业分类将 28 个制造业行业(考虑到数据可得性,我们剔除"工艺品和其他制造业、废弃资源和废旧材料回收加工业")合并为 15 个。在本章中,对行业的分类我们按照张明志和李敏(2011)的按要素密集度分类方法,将 15 个制造业行业分为三大类:劳动密集型制造业,包括从食品制造及烟草加工业到造纸印刷及文教体育用品制造业共 5 个行业;资本密集型制造业,包括从石油加工、炼焦及核燃料加工业到金属制品业共 5 个行业;技术密集型制造业,包括从通用专用设备制造业到仪器仪表及文化办公用品机械制造业共 5 个行业。

一、技术创新的投入现状

实证分析中,学者们经常使用 R&D 资本投入和 R&D 人员投入来衡量技术创新投入变量。

(一) R&D 资本投入

通常情况下,能够反映 R&D 资本投入状况的指标主要有两个:一是 R&D 支出(用科技活动经费内部支出额表示),二是 R&D 强度(用科技活动经费内部支出占产品销售收入比重表示)。下面,我们分别以这两个指标为依据分析制造业总体和分行业的 R&D 资本投入状况。为了保持统计口径的前后一致,我们选取样本期间为 1998—2010 年。

总体情况。由表 5-1 和图 5-1 可以看出,1998—2010 年,中国制造业的 R&D 支出额呈持续上升的趋势,1998 年的 R&D 支出为 424.63 亿元,2010 年上升至 6308.15 亿元,年均增长 23% 左右。而从 R&D 强度来看,中国制造业 R&D 支出占产品销售收入的比重很小,1998 年仅为 1.43%,虽然 1998—2010 年这十几年间有所上升,但增长速度较慢,2010 年 R&D 强度仅为 1.73%。

分行业情况。首先,由表 5-1 和图 5-1 可以看出,1998—2010 年,制造业分行业的 R&D 支出额都有不同程度的增加,其中,资本密集型制造业增长较快,年均增长 23.61%,技术密集型制造业年均增长率为 22.98%,劳动密集型制造业年均增长 21.51%;其次,由表 5-1 和图 5-2 可以看出,技术密集型制造业 R&D 支出占制造业总体支出额比重最大(53% 以上),资本密集型制造业次之，劳动密集型制造业占比最小（12%以下），并且1998—2010年，三类行业的R&D支出所占比重并没有发生较大的变化，只在个别年份有轻微的上下波动；第三，从R&D强度来看，技术密集型制造业的R&D强度最大，资本密集型制造业居次，最后是劳动密集型制造业，说明技术密集型制造业的技术含量较高，资本密集型制造业的技术含量居中，而劳动密集型制造业的技术含量最低。从表5-1和图5-3可以看出，1998—2010年，劳动密集型制造业的R&D强度稳中有升，但仍然没有超过1%，资本密集型制造业的R&D强度在1%~2%之间有较少的增加，而技术密集型制造业的R&D强度在2%~3%之间上下波动。

表5-1　1998—2010年中国制造业总体和分行业R&D资本投入情况

年份	制造业总体		劳动密集型制造业			资本密集型制造业			技术密集型制造业		
	R&D支出（亿元）	R&D强度	R&D支出（亿元）	占比（%）	R&D强度	R&D支出（亿元）	占比（%）	R&D强度	R&D支出（亿元）	占比（%）	R&D强度
1998	424.63	1.43	44.08	10.38	0.60	149.12	35.12	1.21	231.43	54.50	2.29
1999	505.21	1.52	57.72	11.42	0.73	173.45	34.33	1.28	274.04	54.24	2.33
2000	735.12	1.84	80.65	10.97	0.92	260.68	35.46	1.52	393.79	53.57	2.82
2001	878.58	1.87	87.86	10.00	0.85	294.59	33.53	1.55	496.13	56.47	2.79
2002	1068.06	1.96	108.25	10.14	0.93	345.86	32.38	1.61	613.95	57.48	2.86
2003	1374.61	1.69	133.76	9.73	0.79	452.98	32.95	1.49	787.87	57.32	2.31
2004	1835.55	1.66	185.27	10.09	0.89	654.08	35.63	1.48	996.20	54.27	2.17
2005	2366.83	1.70	258.6	10.93	1.00	841.29	35.55	1.45	1266.94	53.53	2.30
2006	2959.12	1.69	299.42	10.12	0.94	1042.17	35.22	1.45	1617.53	54.66	2.29
2007	3844.99	1.74	386.49	10.05	0.98	1404.82	36.54	1.51	2053.68	53.41	2.31
2008	4666.03	1.76	442.69	9.49	0.96	1718.75	36.84	1.50	2504.67	53.68	2.41
2009	5487.06	1.97	498.92	9.09	0.98	2032.66	37.04	1.79	2955.48	53.86	2.61
2010	6308.15	1.73	555.17	8.80	0.88	2346.60	37.20	1.55	3406.38	54.00	2.27

注：制造业统计口径为"大中型工业企业"。数据来源于《中国科技统计年鉴》和《中国统计年鉴》，并经计算得出。

（二）R&D人员投入

关于R&D人员投入，分别从R&D人数和R&D人数占从业人数的比重两

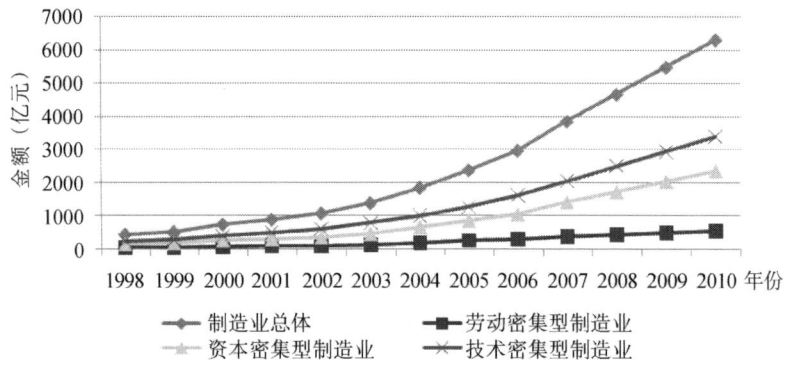

图 5-1 1998—2010 年中国制造业总体和分行业 R&D 支出变化情况

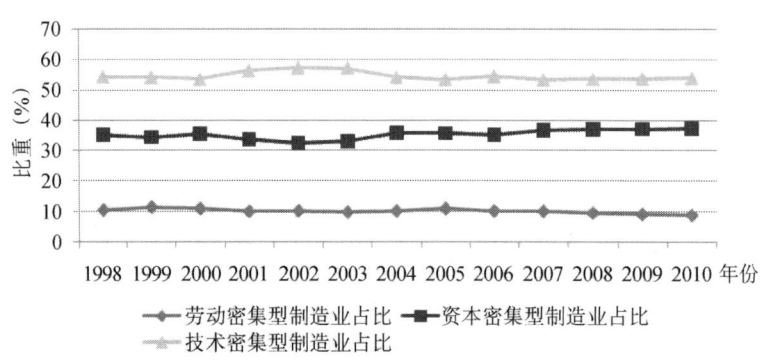

图 5-2 1998—2010 年中国制造业分行业 R&D 支出占比变化情况

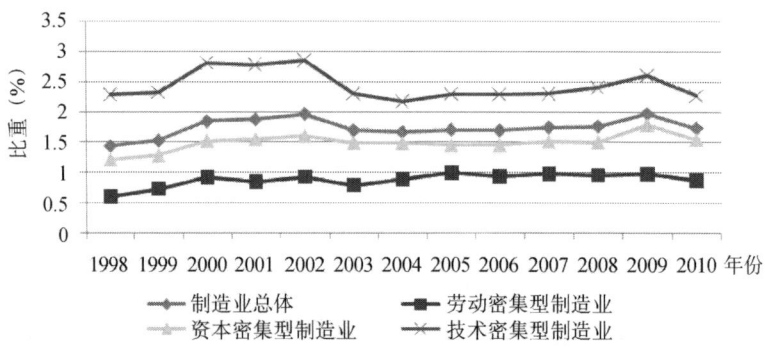

图 5-3 1998—2010 年中国制造业分行业 R&D 强度变化情况

个指标衡量。

总体情况。由表 5-2 和图 5-4 可以看出,1998—2004 年,中国制造业的 R&D 人数变化不大,基本稳定在 120 万人左右,但从 2004 年开始呈持续上升的趋势，2004 年的 R&D 人数为 122.81 万人，2010 年上升至 245.66 万人，年均增长 10.41%。由表 5-2 和图 5-6 可以看出，中国制造业 R&D 人数占从业人数的比重较小，1998 年仅为 4.65%，虽然 1998—2010 年这十几年间有所上升，但增长速度较慢，2010 年 R&D 密度仅为 5.53%。

分行业情况。首先，由表 5-2 和图 5-4 可以看出，1998—2010 年，制造业分行业的 R&D 人数都有不同程度的增加，其中，技术密集型制造业年均增长率为 6.07%，资本密集型制造业年均增长率为 4.95%，劳动密集型制造业年均增长 6.42%；其次，由表 5-2 和图 5-5 可以看出，技术密集型制造业 R&D 人数占制造业总体人数比重最大（50% 以上），资本密集型制造业次之，劳动密集型制造业占比最小（13% 以下），并且 1998—2010 年，三类行业的 R&D 人数所占比重并没有发生较大的变化，技术密集型制造业的 R&D 人数占比在 50%~60% 之间有所增加，资本密集型制造业的 R&D 人数占比在 30%~40% 之间有所下降，而劳动密集型制造业的 R&D 人数占比基本稳定在 10% 左右；最后，从 R&D 人数占从业人数比重来看，技术密集型制造业的 R&D 人数占比最高，其次是资本密集型制造业，劳动密集型制造业的 R&D 人数占比最低。从表 5-2 和图 5-6 可以看出，1998—2010 年，劳动密集型制造业的 R&D 人数比重稳中有升，但仍然没有超过 3%，资本密集型制造业的 R&D 人数比重在 4%~6% 之间有较少的增加，而技术密集型制造业的 R&D 人数比重在 7%~9% 之间上下波动。

表 5-2　1998—2010 年中国制造业总体和分行业 R&D 人员投入情况

年份	制造业总体		劳动密集型制造业			资本密集型制造业			技术密集型制造业		
	R&D 人数（万人）	R&D 人数占从业人数比重（%）	R&D 人数（万人）	R&D 人数占比（%）	R&D 人数占从业人数比重（%）	R&D 人数（万人）	R&D 人数占比（%）	R&D 人数占从业人数比重（%）	R&D 人数（万人）	R&D 人数占比（%）	R&D 人数占从业人数比重（%）
1998	119.00	4.65	12.57	10.57	1.77	41.34	34.74	4.07	65.08	54.69	7.78
1999	122.90	5.33	14.02	11.41	2.25	42.88	34.89	4.53	66.00	53.70	8.93
2000	116.62	5.44	13.00	11.15	2.23	42.01	36.02	4.90	61.61	52.83	8.75
2001	115.93	5.52	13.78	11.89	2.35	40.83	35.22	4.94	61.31	52.89	8.90
2002	116.71	5.71	14.17	12.14	2.45	42.22	36.17	5.26	60.33	51.69	9.09
2003	122.97	4.99	15.16	12.33	2.00	42.67	34.70	4.82	65.14	52.97	7.93

续表

年份	制造业总体		劳动密集型制造业			资本密集型制造业			技术密集型制造业		
	R&D 人数 (万人)	R&D 人数占从业人数比重 (%)	R&D 人数 (万人)	R&D 人数占比 (%)	R&D 人数占从业人数比重 (%)	R&D 人数 (万人)	R&D 人数占比 (%)	R&D 人数占从业人数比重 (%)	R&D 人数 (万人)	R&D 人数占比 (%)	R&D 人数占从业人数比重 (%)
2004	122.81	4.46	14.77	12.03	1.75	41.72	33.97	4.43	66.32	54.00	6.86
2005	144.40	4.81	18.19	12.60	1.97	47.91	33.18	4.82	78.30	54.23	7.18
2006	163.38	4.95	19.95	12.21	1.97	54.04	33.08	5.11	89.39	54.71	7.28
2007	192.33	5.35	23.27	12.10	2.13	62.60	32.55	5.54	106.46	55.35	7.75
2008	217.38	5.55	24.49	11.26	2.14	69.77	32.10	5.70	123.12	56.64	7.95
2009	230.97	5.95	26.27	11.38	2.35	73.45	31.80	6.02	131.24	56.82	8.51
2010	245.66	5.53	28.24	11.50	2.31	77.37	31.50	5.52	140.04	57.01	7.69

注：数据来源于《中国科技统计年鉴》和《中国统计年鉴》，并经计算得出。

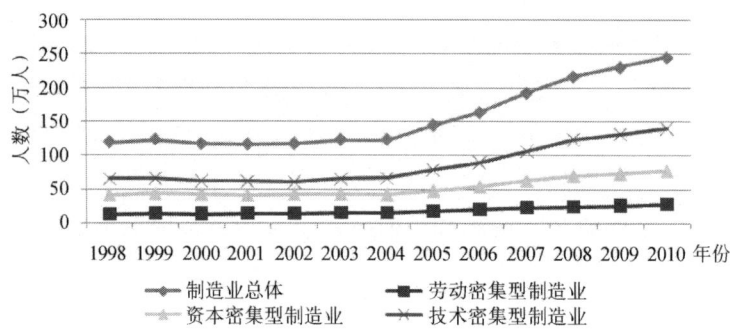

图 5-4　1998—2010 年中国制造业总体和分行业 R&D 人员变化情况

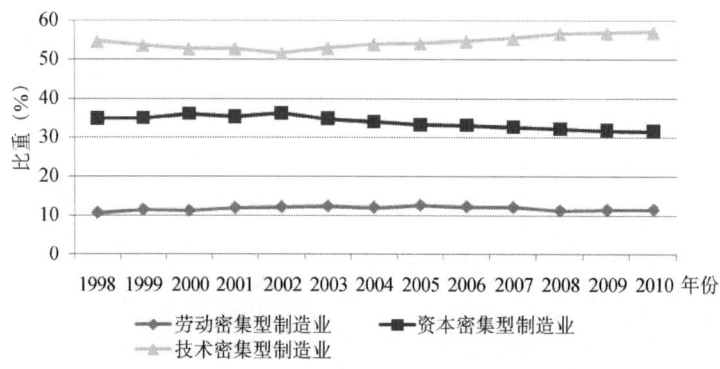

图 5-5　1998—2010 年中国制造业分行业 R&D 人员占比变化情况

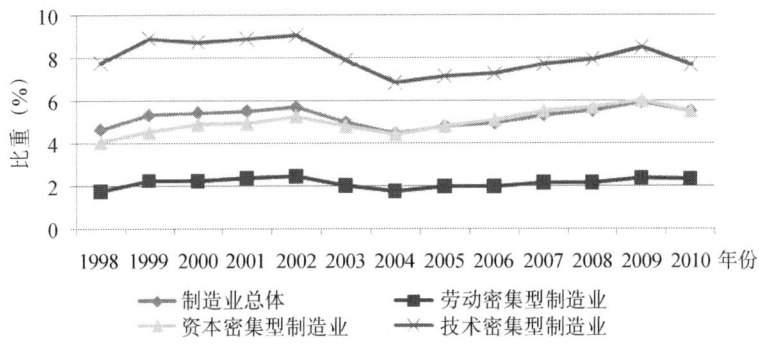

图 5-6　1998—2010 年中国制造业总体和分行业 R&D 人员占从业人员比重变化情况

二、制造业技术创新的产出现状

产业技术创新的产出指标主要包括专利申请数和新产品销售收入。

（一）专利申请数

总体情况。从表 5-3 和图 5-7 可以看出，1998—2010 年，制造业总体的专利申请数逐年递增，1998 年制造业专利申请数为 5716 项，2010 年专利申请数为 190836 项，年均增长 30.98%。

分行业情况。从表 5-3 和图 5-7 可以看出，1998—2010 年，三种要素密集型制造业的专利申请数都呈递增趋势，其中，技术密集型制造业的专利申请数年均增长 31.89%，资本密集型制造业的专利申请数年均增长 28.64%，劳动密集型制造业的专利申请数年均增长 30.37%；从表 5-3 和图 5-8 可以看出，技术密集型制造业的专利申请数占制造业专利申请数的比重最高，然后是资本密集型制造业，专利申请数最少的是劳动密集型制造业，说明我国技术密集型制造业的创新发明最多。并且技术密集型制造业的专利申请数占比呈上升趋势，资本密集型制造业的专利申请数占比有较小下降，劳动密集型制造业的专利申请数占比没有明显变化。

（二）新产品销售收入

总体情况。从表 5-4 和图 5-9 可以看出，1998—2010 年，制造业总体的新产品销售收入呈上升态势，1998 年制造业新产品销售收入为 4290.62 亿元，

表5-3　1998—2010年中国制造业总体和分行业专利申请数及占比情况

年份	制造业（项）	劳动密集型（项）	占比（%）	资本密集型（项）	占比（%）	技术密集型（项）	占比（%）
1998	5716	692	12.11	1426	24.95	3598	62.95
1999	7194	1114	15.49	1797	24.98	4283	59.54
2000	10754	1845	17.16	2914	27.10	5995	55.75
2001	14158	2584	18.25	3608	25.48	7966	56.27
2002	20186	2783	13.79	4655	23.06	12748	63.15
2003	29280	3564	12.17	5865	20.03	19851	67.80
2004	40543	4716	11.63	8512	20.99	27315	67.37
2005	53504	5844	10.92	11874	22.19	35786	66.88
2006	66586	7389	11.10	13115	19.70	46082	69.21
2007	92528	11487	12.41	16937	18.30	64104	69.28
2008	116950	14250	12.18	23128	19.78	79572	68.04
2009	159306	18705	11.74	33040	20.74	107561	67.52
2010	190836	21746	11.40	37683	19.75	131407	68.86

注：数据来源于《中国科技统计年鉴》。

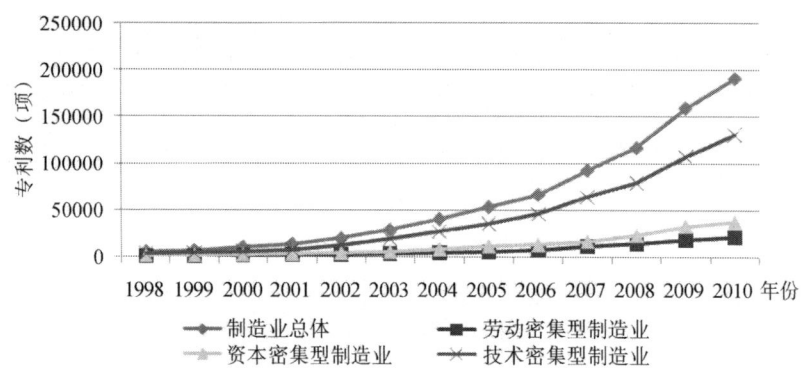

图5-7　1998—2010年中国制造业总体和分行业专利申请数变化情况

2010年新产品销售收入为72112亿元，年均增长24.24%。

分行业情况。从表5-4、图5-9和图5-10可以看出，1998—2010年，三个要素密集型制造业的新产品销售收入都呈上升趋势，其中，技术密集型制造业的新产品销售收入年均增长23.6%，资本密集型制造业的新产品销售收入年均增长26.46%，劳动密集型制造业的新产品销售收入年均增长23.82%；从表5-4和图5-10可以看出，技术密集型制造业的新产品销售收入占制造业总体的比重最高（1998—2010年均在63%以上），资本密集型制造业居次

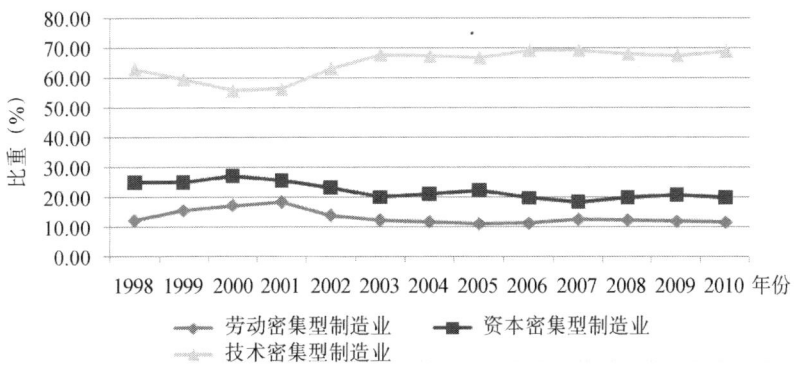

图 5-8 1998—2010 年中国制造业分行业专利申请数占总体比重变化情况

位，劳动密集型制造业的新产品销售收入最少，也证明我国技术密集型制造业的创新发明最多。2003 年以后，技术密集型制造业的新产品销售收入占比有所下降，资本密集型制造业的新产品销售收入占比呈现上升趋势，但幅度都较小，劳动密集型制造业的新产品销售收入占比没有明显变化。

表 5-4　1998—2010 年中国制造业总体和分行业新产品销售收入及占比情况

年份	制造业（亿元）	劳动密集型（亿元）	占比（%）	资本密集型（亿元）	占比（%）	技术密集型（亿元）	占比（%）
1998	4290.62	443.99	10.35	835.33	19.47	3011.30	70.18
1999	5447.04	555.66	10.20	1127.69	20.70	3763.69	69.10
2000	7505.31	668.70	8.91	1725.04	22.98	5111.57	68.11
2001	8698.59	748.35	8.60	1748.94	20.11	6201.30	71.29
2002	10722.28	948.80	8.85	2114.16	19.72	7659.32	71.43
2003	13999.98	1220.46	8.72	2642.82	18.88	10136.70	72.41
2004	19238.74	1811.45	9.42	4478.50	23.28	12948.79	67.31
2005	24110.71	2079.67	8.63	6284.71	26.07	15746.33	65.31
2006	30849.00	2671.53	8.66	8066.77	26.15	20110.71	65.19
2007	40462.32	3666.18	9.06	11025.63	27.25	25770.51	63.69
2008	50222.27	4086.32	8.14	14237.16	28.35	31898.79	63.52
2009	57031.62	5565.91	9.76	14006.19	24.56	37459.52	65.68
2010	72112.00	7137.67	9.90	17675.89	24.51	47298.44	65.59

注：数据来源于《中国科技统计年鉴》。

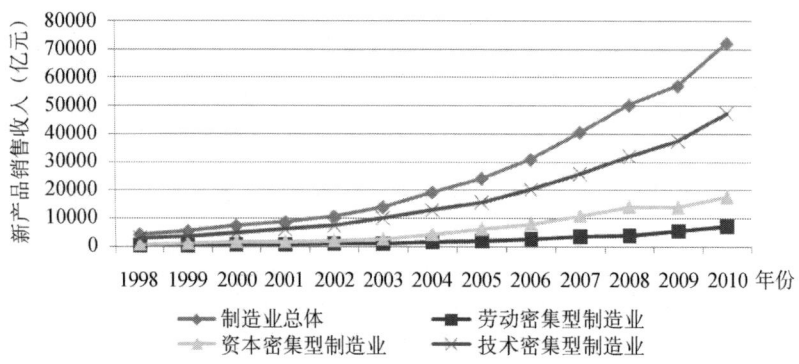

图 5-9　1998—2010 年中国制造业总体和分行业新产品销售收入变化情况

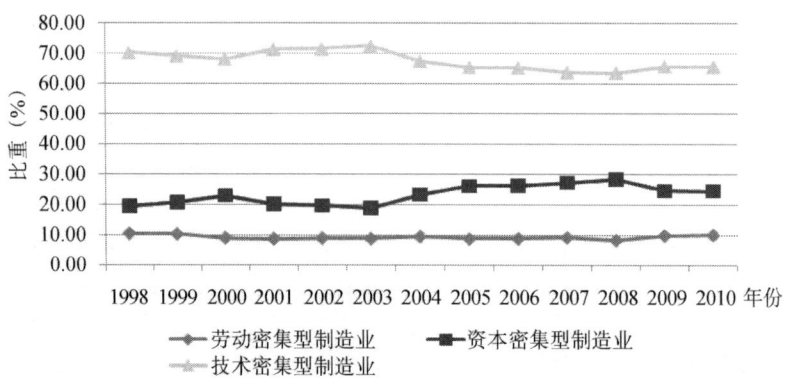

图 5-10　1998—2010 年中国制造业分行业新产品销售收入占总体比重变化情况

第二节　国际垂直专业化对中国制造业技术创新的作用机制

目前，在资源和劳动力成本的约束下，一国的产业升级主要取决于产业技术创新能力的强弱。为了给后续分析奠定基础，本节对国际垂直专业化下中国产业技术创新能力提升机制进行理论分析。

在国际垂直专业化中，由于跨国公司具有产品生产的核心技术和先进管经验，所以在产品价值链中占据着核心和高附加值生产环节，而将产品生产的低附加值和劳动密集型环节外包给中国等发展中国家。在这个过程中，跨国公司的各种先进技术知识通过一定的机制和途径向发展中国家的企业扩散，这些企业通过吸收先进技术和知识，并将其与研发生产过程相融合，逐渐形成自己的竞争优势，促进了发展中国家的技术进步与产业升级。

一、通过技术溢出提升制造业技术创新能力

在国际垂直专业化中，跨国公司是分工的主导者，拥有核心控制地位，中国制造业企业是以国际代工身份嵌入产品生产链中。在这种分工模式下，跨国公司的技术知识通过 FDI 和中间品进出口渠道发生技术外溢，代工企业在加工组装过程中通过学习模仿效应不断积累技术知识，进而提升技术创新能力。

（一）FDI 渠道的技术溢出机制

国际垂直专业化中的跨国公司通常是领导厂商，发展中国家的国内加工企业是中间产品供应商。跨国公司之所以愿意向国内加工企业转移技术，主要是出于保持自身竞争优势考虑。跨国公司为了使国内加工企业能够掌握生产相关产品或零部件所必须具备的技术和管理知识，必须转移与产品加工组装直接相关的技术知识或是稍复杂的技术，这样跨国公司可以集中有限的资源从事附加值更高、更具战略性的生产环节，以在激烈的竞争环境中保持自己的核心竞争力。因此，跨国公司向国内加工企业转移技术的主要原因在于提高加工企业的生产能力与生产效率，最大可能地降低产品生产成本及管理成本，最终使企业竞争力不断提高。另外，跨国公司是否转移某项技术还取决于该技术转移活动的边际收益与边际成本之比，如果向国内加工企业转移该项技术所带来的边际收益（主要是因单位生产成本降低、生产率提高所带来的收益增加）大于该项技术转移的边际成本（技术泄露、技术外溢等），则跨国公司为了获得相应的利润会主动向加工企业转移该项技术。虽然跨国公司出于自身利益和利润考虑，会主动转移某项或某些技术，但技术转移本身还不足以形成技术溢出，只有当转移的技术被吸收并转化为加工企业的生产能力之后才算是完成了技术溢出的整个过程。而技术溢出过程是否能够顺利完成，技术转移机制和技术外溢机制起关键作用。

在国际垂直专业化中，跨国公司利用 FDI 在发展中国家直接投资建立独资子公司或拥有多数控股权的合资公司，通过 FDI 渠道，跨国公司向发展中国家进行技术转移的方式主要有对其子公司内部转移和对其他公司外部转移两种。跨国公司进行内部技术转移所采取的主要方式就是直接向其独资子公司或多数控股的合资公司进行内部技术转移。对于一些核心技术或有较高收益的技术，跨国公司通常会采取内部转移方式。而对参与跨国公司业务的国内企业来说，内部化转让对于获得成熟的和最新的技术是十分重要的。然而对于一些关键性技术，跨国公司为了能够垄断和控制技术只向其独资子公司进行转移，并不直接转移给国内其他企业，所以这种方式的内部技术转移很难使国内其他企业获得技术转移的好处。

FDI 技术外溢途径主要包括示范效应、竞争效应、人力资本效应等。

示范效应指跨国公司通过直接投资在发展中国家建立独资子公司或多数控股的合资公司，将新设备、新产品或者新工艺以及销售策略和管理理念等物化和非物化技术转移到子公司或多数控股的合资公司，对于发展中国家国内同一产业内的其他企业来说，通过学习模仿关联产业的外资公司就可以提高自身技术水平和生产能力。示范效应通常发生在同一行业的外资企业和国有企业之间，跨国公司向国内子公司进行转移的技术和产品通常是已经成熟的技术和有一定市场份额的产品，因此对于国有企业来说，通过学习模仿而生产的与外资公司类似的产品在东道国就比较容易被消费者认可，这样企业就能在短时间内以较低成本进入市场并占据一定份额。这种示范效应经常发生在容易模仿并能进行简单创新的技术或产品上。

竞争效应同样也发生在同一产业内的企业之间。根据已有研究，竞争效应具有正反两面性：一方面来自外资企业的竞争效应会促使国内企业的技术升级，同时对于国内一些有可能会产生行业垄断的企业，由于外资企业的进入会在一定程度上消除垄断，会提高社会福利水平（Caves，1974；Kokko，1992）；另一方面跨国公司凭借技术优势挤占东道国企业的市场份额，抑制了竞争。跨国公司向东道国子公司转移技术，提高了子公司在东道国的市场竞争力，对于国内同行业企业来说，由于存在技术差距从而造成市场份额下降，甚至有些企业被挤出了市场，例如，可口可乐进入我国之后，一些国内原有的饮料企业（健力宝等）被挤出了市场；同时，外资企业实行高工资制度，吸引了当地大批优秀人才，抢占了原本属于国内企业的稀缺资源。

人力资本效应是潜在的最重要的技术外溢途径，指跨国公司对东道国子公司合资公司或合作公司的员工，尤其是管理人员和技术人员的培训会使东道国的人力资本存量得以提升。技术外溢的途径具体包括当地管理人员和技术人员与跨国公司总部派遣的专家一起工作，对当地员工进行管理和生产培训，当地技术人员参与技术研发和生产等。

（二）中间品进出口渠道的技术溢出机制

相对于FDI渠道的技术溢出来说，中间品进出口渠道的技术溢出是一种被动的技术溢出渠道，因为跨国公司并没有主动进行技术转移，技术溢出主要是在对进口的中间品进行生产或出口中间品的过程中非自愿发生的。据国际垂直专业化的含义，一国参与国际垂直专业化的一个重要方式是中间品贸易。特定产品的某个生产环节（即零部件）通过进口在某个国家进行生产，该国将产成品（最终品或中间品）出口到其他国家，继续进行生产直到最终产品完成。

由于中间品实际上是由一系列不同技术等级的零部件或半成品所构成的集合，在产品内分工模式下，进口中间品的企业通过组装加工零部件和半成品，从而获得物化在中间品中的技术和知识。对于发展中国家来说，通过进口中间品的技术溢出效应提升本国创新能力已经成为参与国际垂直专业的一个重要动因。具体来说，中间品进口的技术溢出效应主要有以下几种途径：第一，进口中间投入品可以通过投入产出效应提高本国的生产率。由于进口的中间品多是一些价格低、质量优、种类齐全的产品，这样企业可以优化资源配置，提升企业自身的研发能力，提高技术创新能力；第二，如果进口的中间品是高技术产品，本国企业可以在对中间品进行加工组装过程中学习相关的高新技术，在生产过程中进行模仿，通过企业自身的研发投入和研发创新进行二次创新，或通过与国外出口企业的合作，改进企业运作方式。

中间品出口对技术创新的影响机制较为间接。发展中国家向国外出口经过加工的中间品或最终产品时，会受到进口国对于产品质量标准等的要求，特别是当进口国是发达国家，由于发达国家在产品生产上的技术优势，往往对产品制定了较高的环保标准和质量要求，这些标准和要求中国许多企业无法达到，虽然在一定程度上会阻碍中国的产品出口，但是这种较高的产品要求会促使国内企业不断进行技术创新以满足国外企业对产品的要求。

二、通过吸收能力提升中国制造业的技术创新能力

产业技术创新能力的提升不仅需要国际垂直专业化的技术溢出，而且本国

企业的吸收能力也是产业是否能够实现技术创新的重要因素和前提。

通过国际垂直专业化的技术溢出使国内制造企业获得了先进制造技术，但这种技术本身并不会使企业直接受益，国内制造企业获得技术溢出的程度主要取决于企业自身的行为和资源。也就是说技术溢出本身对企业技术创新能力的提升并没有产生直接的影响，必须经过制造企业吸收能力作用才能促进创新，即必须通过外部技术的内生化才能促进新技术的创造，提升创新能力。

在国际垂直专业化体系中，跨国公司对国内代工企业产生了大量的技术溢出，包括产品设计、技术更新、产品包装和原材料供应等。国内代工企业通过增强吸收能力，可以促进对跨国公司技术溢出的获取、同化、转化和利用（Zahra 和 George，2002），代工企业内部技术与外部技术相结合，共同影响企业的技术创新能力。跨国公司的外部技术从内部化再到创新的过程受到代工企业吸收能力的影响，即外部技术溢出对代工企业技术创新能力的影响受到代工企业自身吸收能力的影响。如果吸收能力强，发展中国家的代工企业就能在代工过程中更有效地从跨国公司的技术溢出中获益，取得更快的技术创新速度，缩小与跨国公司之间技术能力的差距，从而提高竞争力。因此，本书认为代工企业的吸收能力增强了外部技术溢出对国内制造企业技术创新能力的促进作用。

第三节 国际垂直专业化与中国制造业技术创新的实证检验

在国际垂直专业化中，参与分工的发展中国家企业技术创新能力的提升一方面来源于企业内部的创新投入（R&D 资本和 R&D 人员投入），另一方面来源于垂直专业化带来的技术转移和技术溢出等。但是，受发展中国家企业吸收能力的限制，可能会对技术溢出的效果产生影响，即国际垂直专业化对发展中国家企业技术创新能力的影响并不显著。本书中，我们将检验国际垂直专业化对中国制造业技术创新能力的影响，并且由于制造业分行业的异质性，我们也将对制造业分行业进行检验。

一、计量模型

对于该问题，多数学者是利用技术创新产出模型，用公式表示如下：
$Y = Af(K, L)$，

其中，Y表示技术创新产出；K、L分别表示研发资本和研发人员投入；A代表影响技术创新的其他因素。在这里，我们主要考虑国际垂直专业化水平。由于企业吸收能力直接影响技术溢出效果，所以本书分别引入研发资本投入和研发人员投入与垂直专业化水平的交互项来检验吸收能力。其他控制变量如：企业规模和行业的投资规模（徐毅和张二震，2008）。另外一些可能影响创新能力的变量（产业政策、制度环境等）由于在数据获取上存在很大困难，所以暂不予以考虑，希望在将来的深入研究中进行弥补。

基于以上分析，本文建立如下的计量模型：

$$I_{it} = \alpha_0 + \alpha_1 VSS_{it} + \alpha_2 QS_{it} + \alpha_3 HTS_{it} + \lambda_i + \eta_t + \varepsilon_{it} \tag{1}$$

$$O_{it} = \beta_0 + \beta_1 VSS_{it} + \beta_2 RDK_{it} + \beta_3 RDL_{it} + \beta_4 QS_{it} + \beta_5 HTS_{it} + \lambda_i + \eta_t + \varepsilon_{it} \tag{2}$$

$$O_{it} = \beta_0 + \beta_1 VSS_{it} + \beta_2 RDK_{it} \times VSS_{it} + \beta_3 RDL_{it} \times VSS_{it} + \beta_4 QS_{it} + \beta_5 HTS_{it} + \lambda_i + \eta_t + \varepsilon_{it} \tag{3}$$

其中，模型（1）为垂直专业化对技术创新投入的影响，I_{it}为i行业t年的创新投入变量，包括研发资本投入RDK_{it}和研发人员投入RDL_{it}；模型（2）表示垂直专业化对技术创新产出的影响，O_{it}为i行业t年的技术创新产出变量；模型（3）为存在企业吸收能力情况下垂直专业化对技术创新产出的影响，$RDK_{it} \times VSS_{it}$、$RDL_{it} \times VSS_{it}$分别是R&D强度与垂直专业化的交互项，人力资本与垂直专业化的交互项，用来表示企业的吸收能力，VSS_{it}代表i行业t年的国际垂直专业化水平，RDK_{it}表示i行业t年的研发资本投入，RDL_{it}表示i行业t年的研发人员投入，QS_{it}表示i行业t年的企业规模，HTS_{it}表示i行业t年的行业投资规模，λ_i为不随时间变化的个体效应，η_t为时间效应，ε_{it}为误差项。

二、变量选取和数据说明

为了减小遗漏自变量对模型回归结果的影响，我们利用中国制造业28个细分行业的面板数据进行实证分析，研究期间为1998—2010年。统计口径全部为"大中型工业企业"。以下指标的原始数据全部来源于《中国统计年鉴》和《中国科技统计年鉴》。数据模型的被解释变量和主要解释变量说明如下：

（一）制造业技术创新能力

产业技术创新能力是一个系统性复杂问题，很难通过某一指标进行客观全面的衡量，学者们通常使用的评价指标包括创新投入指标（R&D 资本投入、R&D 人员投入）和创新产出指标，主要有专利数、新产品产值率（新产品产值÷工业总产值）等。需要指出的是，这些衡量指标各有利弊，其中 R&D 资本投入和 R&D 人员投入属于技术创新投入指标，不能反映创新结果；新产品产值率指标，统计年鉴上没有明确地界定新产品，有些新产品并不能反应技术含量，另外技术创新还包括过程创新，但过程创新并不能通过新产品产值反映（张倩肖和冯根福，2007）。相对而言，在实证分析中用的较多的是专利数指标。其中专利数包括专利申请和专利授权数，专利申请数的缺点是专利申请并不代表一定会成功，而专利授权数在一定程度上会受到政府专利部门等人为因素的影响（王然等，2010），并且专利本身也有发明专利、实用新型专利和外观设计专利三种，发明专利主要是依靠自主创新实现，相对来说更能体现技术创新能力，而其他两种专利一般是通过模仿创新实现。具体选择哪个或哪几个衡量指标要根据作者的研究目的和数据可获得性。

为了使分析结果更具说服力，本书分别以专利申请数、发明专利申请数和新产品产值率为衡量指标进行检验，并对各指标取自然对数。需要指出的是，中国统计年鉴上关于发明专利申请数只有 2000—2008 年的统计数据，其中 2001 年的家具制造业的发明专利申请数用前后两年的平均值代替。

（二）国际垂直专业化水平

国际垂直专业化水平的衡量可以利用 VSS 指标进行计算，用公式表示为：

$$VSS = \mu A^M [I - A^D]^{-1} \exp^v \div \exp$$

其中，μ 是由 1 组成的 $1 \times n$ 维向量；n 是制造业行业数；$A^M = \{a_{ij}\}_{n \times n}$ 是分行业单位产出的进口中间投入系数矩阵，元素 a_{ij} 指的是 j 行业单位产出中使用的来自 i 行业的进口中间投入品；$\exp^v$ 为各行业的出口向量；$A^D = \{d_{ij}\}_{n \times n}$ 是各行业单位产出的国内中间投入系数矩阵，即国内消耗系数矩阵，元素 d_{ij} 指的是 j 行业单位产出中使用的来自 i 行业的国内中间投入。

$$A^M + A^D = A$$

A 为直接消耗系数矩阵。$[I - A^D]^{-1}$ 是里昂惕夫逆矩阵，反映的是进口中间投入最终包含在出口产品之前,在国内各经济部门或各生产阶段循环使用的效果。

本书在计算中国制造业在国际垂直专业化中的地位时,为了便于国际比较,采用了 WIOD 的非竞争型投入产出表计算 VSS 指标,但是由于 WIOD 的投入产出表中制造业的划分依据与中国的不一致,并且只有 14 个制造业细分行业,为了避免人为划分导致的误差影响实证分析结果,本节在这里采用中国的投入产出表进行 VSS 指标计算。需要说明的是,我国的投入产出表目前也只有 1997 年、2002 年和 2007 年 3 年的数据,为了满足时间序列分析,我们在此按照唐玲(2009)的方法,假设各个行业的总产出按照其国内生产总值的年增长率增长,从而计算出其他年份的进口中间投入品矩阵 λ_i(计算方法和原理可参照 CCER 课题组,2006),进而可以计算出进口系数矩阵 A^M,再根据 A^M 推出国内消耗系数矩阵 A^D,最终得出垂直专业化比率。其中,1998—2001 年的进口系数矩阵根据 1997 年的直接消耗系数矩阵计算,2003—2006 年进口系数矩阵根据 2002 年的直接消耗系数矩阵计算,2008—2010 年的进口系数矩阵根据 2007 年的直接消耗系数矩阵计算。另外,为了与我国投入产出表中的行业相对应,我们将制造业 28 个行业归并为 15 个细分行业,具体见表 5-5 的注释部分。其中,计算垂直专业化指数的总产出数据来源于投入产出表。由于我国的工业行业分类标准是 2002 年《国民经济行业分类》(GB/T4754-2002)的标准,而工业产品的进出口数据来源于 UN COMTRADE 数据库,该数据库的行业分类标准是《国际贸易标准分类》(SITC),与我国的行业分类有差距,在此我们按照盛斌(2002)的方法,将中国制造业各行业产品与 SITC3.0 的三位数编码一一对应,从而得出制造业各行业的进出口数据。本书比较了用中国投入产出表和用 WIOD 投入产出表计算的制造业垂直专业化指数,两者的相关系数达到 0.9813,证明本书所使用的方法是比较合理的。

表 5-5 列出了制造业总体和分行业的国际垂直专业化指数,图 5-11 和图 5-12 分别为 1998—2010 年制造业总体和分行业国际垂直专业化指数的变化情况。首先,中国制造业总体的垂直专业化指数有一定的增长,但增幅并不是很大,2008 年后受金融危机的影响垂直专业化水平有所下降。其次,制造业分行业的垂直专业化水平。从横向上看,近年来制造业各行业的国际垂直专业化水平排序变化不大,垂直专业化水平较高的行业包括:通信设备、计算机及其他电子设备制造业、仪器仪表及文化办公用机械制造业、石油加工、炼焦

及核燃料加工业、电气机械及器材制造业；较低的行业包括：食品制造及烟草加工业、非金属矿物制品业、木材加工及家具制造业、造纸印刷及文教用品制造业等。从纵向上看，通过比较1998年和2007年制造业各行业的国际垂直专业化指数，发现增长幅度较大的行业依次包括：仪器仪表及文化办公用机械制造业（15.19%）、通信设备、计算机及其他电子设备制造业（8.82%）、电气机械及器材制造业（6.31%）、交通运输设备制造业（4.5%），而服装皮革羽绒及其制品业、石油加工、炼焦及核燃料加工业和金属冶炼及压延加工业的垂直专业化指数有所减少。

总体上看，20世纪90年代中后期以来，仪器仪表及文化办公用机械制造业和通信设备、计算机及其他电子设备制造业为代表的技术密集型产业参与垂直专业化分工的增长幅度较大。以服装业和木材加工及石油加工、炼焦及核燃料加工业和金属冶炼及压延加工业为代表的资源和劳动密集型产业的垂直专业化分工水平较低，而且其垂直专业化指数的增长幅度较小。

（三）制造业R&D资本和R&D人员投入

关于R&D资本投入指标的计算方法主要有两种，一种是直接采用投入量绝对值，一种是用投入强度表示，即科技活动经费内部支出占产品销售收入的比重。第一种方法计算简单，而第二种方法能够剔除国家规模的影响，在本书中，我们采用第二种计算方法。同理，R&D人员投入指标的计算方法为科技活动人员占年末全部从业人员比重。

（四）制造业企业吸收能力

在有关企业的吸收能力的实证研究中，多数学者都使用人力资本投入和研发强度作为企业吸收能力的衡量指标（赖明勇和袁媛，2005；符宁，2007；谢建国和周露昭，2009等）。本书也采用这两个指标进行评价，与其他研究不同的是，由于科技人员一般都是受过良好教育，素质较高的高级人才，所以本书直接用R&D人员投入代表人力资本指标，而研发强度指标用R&D资本投入来衡量。

（五）制造业企业规模

一般认为只有规模较大的企业才有进行科研活动的动力和能力，我们把企

表 5-5　1998—2010 年中国制造业总体和各行业的国际垂直专业化指数

	1998 年	1999 年	2000 年	2001 年	2002 年	2003 年	2004 年	2005 年	2006 年	2007 年	2008 年	2009 年	2010 年
1	0.0198	0.0207	0.0230	0.0217	0.0273	0.0303	0.0324	0.0314	0.0304	0.0301	0.0277	0.0240	0.0262
2	0.0932	0.0935	0.1448	0.0944	0.1184	0.1231	0.1233	0.1166	0.1090	0.1039	0.0886	0.0780	0.0830
3	0.0968	0.0963	0.1442	0.0965	0.1295	0.1359	0.1207	0.1278	0.1218	0.1067	0.0883	0.0757	0.0807
4	0.0697	0.0717	0.0902	0.0725	0.0715	0.0801	0.0818	0.0808	0.0777	0.0753	0.0660	0.0583	0.0632
5	0.0927	0.0993	0.1170	0.1040	0.1034	0.1126	0.1177	0.1165	0.1118	0.1335	0.1184	0.1030	0.1099
6	0.0216	0.0234	0.0270	0.0269	0.0219	0.0258	0.0279	0.0276	0.0282	0.0209	0.0205	0.0166	0.0186
7	0.0964	0.1037	0.1209	0.1116	0.1189	0.1304	0.1409	0.1409	0.1364	0.1331	0.1211	0.1068	0.1170
8	0.0566	0.0610	0.0706	0.0669	0.0669	0.0763	0.0805	0.0791	0.0775	0.0681	0.0617	0.0535	0.0588
9	0.0753	0.0831	0.0965	0.0936	0.0821	0.0998	0.1036	0.1014	0.0968	0.0760	0.0679	0.0606	0.0637
10	0.0903	0.0990	0.1149	0.1104	0.1045	0.1260	0.1311	0.1287	0.1221	0.1109	0.0978	0.0881	0.0927
11	0.1246	0.1361	0.1556	0.1548	0.1578	0.1874	0.1946	0.1900	0.1858	0.1671	0.1495	0.1322	0.1425
12	0.1414	0.1512	0.1679	0.1760	0.1598	0.1903	0.1945	0.1876	0.1912	0.1897	0.1693	0.1536	0.1707
13	0.1423	0.1607	0.1877	0.1844	0.1725	0.2002	0.2140	0.2150	0.2124	0.2035	0.1789	0.1597	0.1705
14	0.1913	0.2224	0.2657	0.2699	0.2393	0.2946	0.3341	0.3537	0.3592	0.2570	0.2174	0.1897	0.1986
15	0.1744	0.1936	0.2273	0.2319	0.2322	0.2730	0.2987	0.3122	0.3131	0.3145	0.2731	0.2380	0.2526
总体	0.1098	0.1214	0.1553	0.1432	0.1499	0.1803	0.2036	0.2032	0.2012	0.1716	0.1468	0.1322	0.1408

注：数据来源于《中国投入产出表》和 UN COMTRADE 数据库，并经作者计算得出。

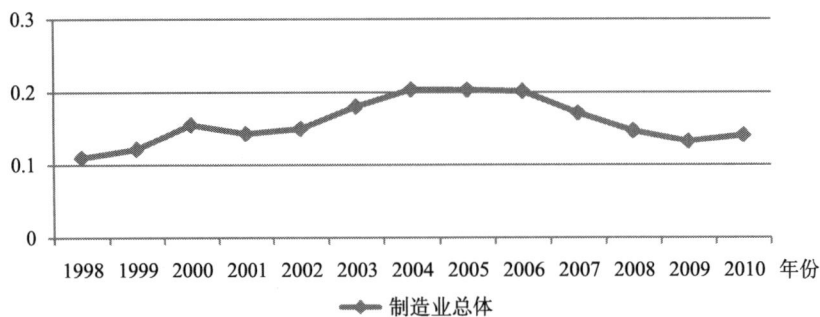

图 5-11 1998—2010 年中国制造业总体国际垂直专业化指数变化图

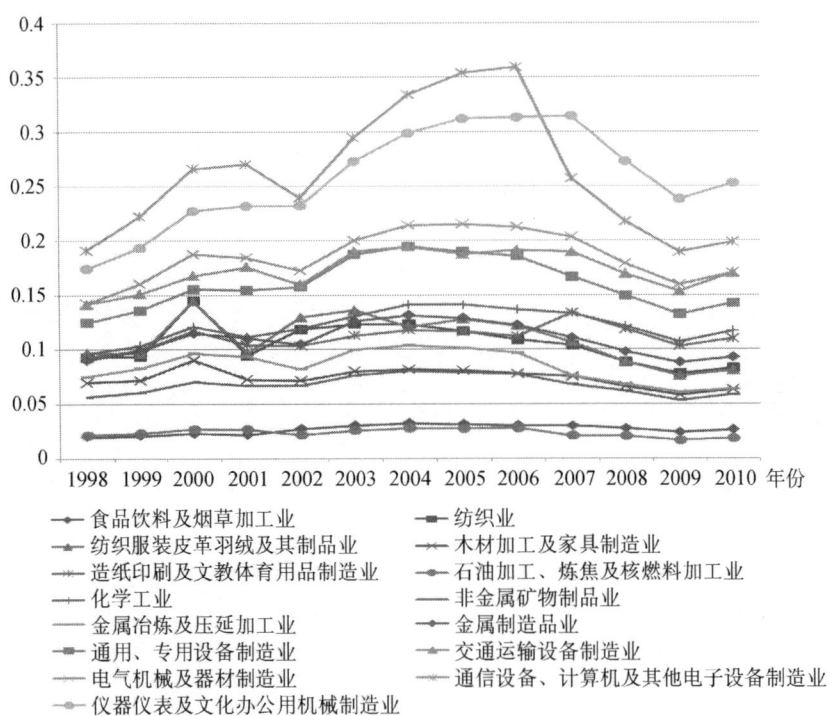

图 5-12 1998—2010 年中国制造业分行业的国际垂直专业化指数变化情况

业规模作为模型的解释变量之一，以各个行业企业平均工业总产值来表示，企业规模在一定程度上代表了市场竞争程度，企业规模越大表示企业越具有市场竞争力，可以产生创新激励（徐毅和张二震，2008）。这里用行业工业总产值（用工业品出厂价格指数平减为以 1998 年为基期的可比价）与行业中企业数量的比值来表示企业规模，并取自然对数。

(六) 制造业投资规模

行业投资规模大,表示行业扩张速度快,其所遇到的技术问题也更多,需要更多的研发投入,越有可能促进技术创新能力提升。2004—2010 年的行业投资规模用城镇固定资产投资额代替基本建设投资和更新改造投资;1998—2003 年的行业投资规模用基本建设投资和更新改造投资总和表示(徐毅和张二震,1998)。为了减少可能存在的异方差,计量时取该变量的自然对数。

三、实证结果与分析

(一) 国际垂直专业化对技术创新投入的影响

根据模型(1),首先分别以 R&D 资本投入和 R&D 人员投入为被解释变量进行混合回归检验,考虑到模型中可能存在不随时间而变的遗漏变量即个体效应,其次再对模型进行固定效应检验(并且考虑到时间效应,进行了双向固定效应检验),以及随机效应检验。最后,为了判断模型的最优回归结果,对二个模型分别进行 Hausman 检验和 F 检验等,根据检验结果,二个模型均应选择固定效应模型回归。回归结果如表 5 - 6 所示。

首先,对制造业总体进行回归分析。从表 5 - 6 的回归结果中可以看出,垂直专业化水平对 R&D 资本投入和 R&D 人员投入的影响显著为负,说明制造业企业参与国际垂直专业化会对本土企业的 R&D 投入产生一定的"挤出"效应,原因可能是企业将原来主要用于 R&D 的资源转而投向技术引进及中间品购买,虽然这可能在一定程度上会影响企业的创新产出,但是由于企业的研发过程耗时较长,成本较高,在短期内难以成功,而如果直接从国外引进相关技术和中间品,会在有限的时间内,通过二次创新和"逆向工程"(即从进口零部件的拆分组装过程推导物化在零部件中的先进技术,从而学习模仿,提高技术水平)实现技术进步,并迅速转化为生产力,节约了成本,促进生产率提高,这也是目前国内许多代工企业提升技术创新能力的捷径。这些企业往往是一些规模较小,研发资本不足,缺乏高素质的人力资本,短期内只能通过为外资公司代工生产积累资本和技术知识。从垂直专业化指数的影响系数来看(-0.0367 和 -0.2133),垂直专业化水平对制造业企业的 R&D 投入挤出效应较小,企业可以通过政府的 R&D 支持和其他途径弥补创新能力不足,最终提升企业的技术创新能力。控制变量中，企业规模对 R&D 资本投入和 R&D 人员投入的影响均显著为正，表明企业规模越大，R&D 资源相对也越多，技术创新能力越强。行业投资规模对 R&D 资本投入影响不显著，而对 R&D 人员投入的影响显著为负，但影响系数较小。

表 5 – 6　　　　　　　　制造业总体面板数据回归结果

	RDK			RDL		
	OLS	FE	RE	OLS	FE	RE
VSS	0.0711 ***	−0.0367 ***	−0.0107 *	0.2406 ***	−0.2133 ***	−0.0958 ***
	(4.73)	(−4.29)	(−1.29)	(6.55)	(−7.51)	(−3.32)
QS	−0.0031 **	0.0019 *	0.0002	0.0088	0.0106 ***	0.0075 **
	(−2.24)	(1.82)	(0.12)	(1.67)	(3.14)	(2.31)
HTS	0.0020 ***	−0.0006	0.0001	0.0004	−0.0046 ***	−0.0034 **
	(3.82)	(−1.32)	(0.28)	(0.15)	(−3.22)	(−2.41)
_cons	0.0001	0.0175 ***	0.0160 ***	0.0000	0.0677 ***	0.0566 ***
	(0.03)	(12.60)	(8.22)	(0.00)	(14.72)	(8.65)
Hausman – chi2	—	38.84 (0.0000)	—	—	62.18 (0.0000)	—
R^2	0.4981	0.5040	0.4628	0.4210	0.347	0.2272
n	195	195	195	195	195	195

注：*、**、*** 分别表示 10%、5%、1% 的显著性水平，常数项和变量系数下面括号内的数值为 t 值，Hausman 检验下面括号内的为 P 值，根据 Hausman 检验结果，均应选择固定效应模型。

其次，由于制造业不同行业之间的差异较大，不同的行业参与国际垂直专业化的程度不一样，因此对技术创新的影响也不一样，所以我们有必要对制造业分行业的情况进行分析。

由于本书只有 15 个制造业行业，如果按照技术层次划分相关的数据无法获得，因此在这里仍参照张明志和李敏（2011）的方法，按照要素密集度将制造业 15 个细分行业归为三类产业，劳动密集型制造业包括：从农副食品加工业开始到文教体育用品制造业；资本密集型制造业包括：从石油加工、炼焦及核燃料加工业开始到金属制品业；技术密集型制造业包括：从通用、专用设备制造业开始到仪器仪表及文化、办公用品机械制造业，从而分析垂直专业化水平对不同要素密集型的行业创新能力的影响。通过设置虚拟变量，同样采用面板数据回归分析，通过 Hausman 检验确定使用固定效应回归模型。回归结果如表 5-7 所示。

垂直专业化水平对劳动密集型和资本密集型制造业的 R&D 投入影响显著为正，表明参与国际垂直专业化有助于我国劳动密集型和资本密集型制造业积累 R&D 资本，而对技术密集型制造业的 R&D 投入的影响显著为负，可能的原因是我国技术密集型制造业参与国际垂直专业化的程度较高，但多数企业从事的是进口中间品进行加工组装的工作，所以企业一部分的 R&D 资源会被用于进口中间品，导致企业用于创新的 R&D 投入有所减少。垂直专业化水平对劳动密集型制造业的 R&D 人员投入影响显著为负，可能的原因是劳动密集型制造业主要是以熟练的劳动力为主，科技人员的比重相对较小；垂直专业化水平对资本密集型制造业的 R&D 人员投入的影响显著为正，表明参与国际垂直专业化有利于 R&D 人员向资本密集型制造业流动；垂直专业化水平对技术密集型制造业的 R&D 人员投入显著为负，原因可能是国内的技术密集型制造业在参与国际分工的过程中，往往与外资公司会发生合作关系，在这个过程中，外资企业可能会通过各种优惠条件吸引国内的创新人才进入外资企业，造成国内人才流失。

表 5-7　　　　　　　制造业行业按要素密集度分类的回归结果

	RDK			RDL		
	劳动密集型	资本密集型	技术密集型	劳动密集型	资本密集型	技术密集型
VSS	0.0270***	0.0751***	-0.0561***	-0.0759***	0.1845***	-0.1790***
	(2.70)	(5.59)	(-4.66)	(-3.61)	(4.05)	(-4.05)
QS	-0.0020**	-0.0026***	0.0014	-0.0034	0.0104***	0.0218***
	(-2.07)	(-4.26)	(0.71)	(-1.65)	(5.01)	(3.09)
HTS	0.0012***	0.0020***	-0.0005	0.0022***	0.0002	-0.0088***
	(3.62)	(6.28)	(-0.65)	(3.22)	(0.21)	(-3.31)
_cons	0.0029	-0.0007	0.0367***	0.0189***	0.0061	0.1332***
	(1.45)	(-0.36)	(10.09)	(4.47)	(0.90)	(9.96)
R^2	0.2331	0.7543	0.3719	0.3288	0.4153	0.2208
n	65	65	65	65	65	65

注：*、**、*** 分别表示 10%、5%、1% 的显著性水平，括号内的数值为 t 值。

最后，由于制造业不同行业参与国际垂直专业化的程度不同，专业化程度不同的行业对创新投入的影响也会产生差异性，一般认为参与垂直专业化程度高的行业创新投入较高，相对于专业化程度低的行业更有利于技术创新能力提升。本节首先对 1998—2010 年制造业 15 个细分行业的国际垂直专业化指数求年平均数，然后将专业化指数小于 0.1 的划为低专业化程度的制造业，专业化指数在 0.1~0.15 之间的划为中等专业化程度的制造业，专业化指数大于 0.15 的划为高专业化程度制造业，具体的行业分类情况见表 5-8 所示。

表 5-8　　　制造业按参与垂直专业化分工的程度分类情况

行业分类	行业名称
低	食品制造及烟草加工业（0.0265），木材加工及家具制造业（0.0738），石油加工、炼焦及核燃料加工业（0.0236），非金属矿物制品业（0.0675），金属冶炼及压延加工业（0.0846）
中	纺织业（0.1054），纺织服装鞋帽皮革羽绒及其制品业（0.1093），造纸印刷及文教体育用品制造业（0.1108），化学工业（0.1214），金属制品业（0.1089）
高	通用、专用设备制造业（0.1598），交通运输设备制造业（0.1726），电气机械及器材制造业（0.1848），通信设备、计算机及其他电子设备制造业（0.2610），仪器仪表及文化办公用机械制造业（0.2565）

注：括号内为该行业的垂直专业化指数年平均值。

实证分析方法仍然是通过设置虚拟变量，采用面板数据回归分析，通过 Hausman 检验确定使用固定效应回归模型。回归结果如表 5-9 所示。垂直专业化水平显著促进了参与垂直专业化程度低的制造业行业 R&D 资本投入和 R&D 人员投入，说明参与垂直专业化程度低的制造业行业如果提高参与垂直专业化程度是有利于增加创新投入，从而提升技术创新能力的，应该鼓励这些制造业行业积极融入垂直专业化体系中。垂直专业化水平对参与垂直专业化程度中等的制造业行业的 R&D 资本投入不显著，虽然对 R&D 人员投入显著，但影响系数过小，说明垂直专业化水平对中等参与程度的行业的创新投入的影响并不显著，可能原因是这些行业多是一些对技术要求较低的行业，参与垂直专业化的企业进口的中间品多是一些技术含量较低的原材料，企业无需大量的创新投入就可实现价值增值，因此这部分行业参与国际垂直专业化对企业的创新投入并没有显著的影响。垂直专业化水平对参与垂直专业化程度高的制造业行业的 R&D 资本和 R&D 人员投入都具有显著的负面作用，说明虽然这些行业参与国际垂直专业化的程度较高，但企业多从事的是加工组装环节的生产，一方面进口中间品可能会挤占一部分 R&D 资本,另一方面垂直专业化的领导企业为了维护低成本竞争优势,也会设法将企业控制在低端组装环节,而许多规模较小的企业也因为创新的风险和成本较高,会失去创新激励,将创新资本多用以直接进口中间品和引进技术,长期将不利于自主创新能力的提升。

表 5-9 制造业行业按参与垂直专业化分工程度分类的回归结果

	RDK			RDL		
	低	中	高	低	中	高
VSS	0.0540***	0.0371	-0.0694***	0.1974***	0.0004***	-0.2270***
	(9.21)	(1.33)	(-4.61)	(9.56)	(0.01)	(-5.13)
QS	-0.0025***	-0.0042***	0.0023	0.0123***	-0.0059*	0.0181***
	(-3.31)	(-3.06)	(1.18)	(4.69)	(-2.00)	(3.14)
HTS	0.0013**	0.0017***	-0.0006	-0.0059***	0.0025**	-0.0073***
	(2.51)	(3.70)	(-0.80)	(-3.20)	(2.47)	(-3.31)
_cons	0.0044	0.0017	0.0385***	0.0441***	0.0130	0.1373***
	(1.32)	(0.40)	(8.92)	(3.75)	(1.45)	(10.83)
R^2	0.6250	0.3067	0.4172	0.6420	0.1639	0.3569
n	65	65	65	65	65	65

注:*、**、***分别表示 10%、5%、1% 的显著性水平,括号内的数值为 t 值。

(二) 国际垂直专业化对技术创新产出的影响

根据模型(2),分别以专利申请数(Patent)、发明专利申请数(Invent)和新产品产值率(Pro)等技术创新产出变量作为被解释变量检验国际垂直专业化对中国制造业技术创新能力的影响。

先对制造业总体进行回归分析。通过 Hausman 检验,三个被解释变量均应采用固定效应模型回归,回归结果如表 5-10 所示。

第一,国际垂直专业化对制造业专利申请数的影响显著为正,且影响系数较大,表明制造业参与国际垂直专业化程度的提高有助于技术创新能力的提升。制造业 R&D 资本投入显著促进了专利申请数增加,表明 R&D 资本投入在技术创新中的关键作用。制造业 R&D 人员投入对专利申请数的影响显著为负,可能的原因是 R&D 人员必须要参与到产品的生产过程中才能发挥作用,即 R&D 人员必须将自己的技术知识转化为生产能力才会促进技术进步,而仅仅从人员数量上进行考察并不一定能够对技术创新具有显著影响，因为人数的多少并不能反映生产技术的高低。其他控制变量中，企业规模对专利申请数的影响不显著，原因可能是本书的样本数据是大中型工业企业数据，本身企业规模已经较大，所以对技术创新能力的影响并不显著。行业投资规模对专利申请数的影响显著为正，表明制造业行业投资规模越大，越有可能提高技术创新能力。

第二，国际垂直专业化对制造业发明专利申请数的影响显著为正，且影响系数较专利申请数更大，表明制造业参与国际垂直专业化程度的提高显著促进了技术创新能力的提升。R&D 资本投入显著促进了发明专利申请数，并且该影响系数较大（61.7917），表明 R&D 资本在企业技术创新过程中起着决定性的作用。R&D 人员投入对发明专利申请数的影响不显著，原因可能是发明创造活动通常只有在特定领域的顶尖人才才能实现，例如，科学家、工程师等，而这些人才的数量有限，在较短时间内不会随 R&D 人员投入而发生较大的变化，所以对发明专利的影响在短期内是不明显的，表明我国要注意建立吸引人才的长效机制，不仅要培育人才，还要注意留住人才和吸引国外人才进入。企业规模和行业投资规模对发明专利申请数的影响均显著为正，表明越是规模大的企业越容易进行技术创新活动，越能够吸引投资的行业就越有助于发明创造成功。

第三，国际垂直专业化对制造业新产品产值率的影响均显著为正，表明参与国际垂直专业化，对制造业技术创新能力的提升具有促进作用，企业应该积极融入到国际垂直专业化体系中，提升技术能力和产业竞争力。R&D 资本投入对新产品产值率也具有显著的促进作用，说明 R&D 资本投入是企业创新产出的主要来源和推动力，R&D 人员投入对新产品产值率的影响不显著，原因可能也是 R&D 人员必须将自己的技术知识转化为生产能力才会促进技术进步，提高新产品产值在工业总产值中的比重。企业规模对新产品产值率的影响不显著，表明新产品产值与企业规模大小没有必然的联系，实际情况是一些中小规模的企业，由于竞争压力更大，更容易激励企业的创新行为，提高新产品的产出。行业投资规模对新产品产值率的提升也具有显著的促进作用，行业投资越多，越有利于该行业的资源配置，促进行业内企业的生产和研发活动，因此生产新产品的机会和速度越能增多和提升。

总的来说，国际垂直专业化对制造业技术创新具有显著的促进作用，制造业企业应该积极嵌入国际垂直专业化体系中，汲取技术知识，并与企业的研发和生产活动有效地结合起来，提升创新能力，提高产品竞争力。R&D 资本投入是制造业企业提升创新能力的关键因素，企业要重视研发活动，不能因研发的风险性和外部性而有所抵触，不能将国家的研发补贴用于与研发无关的活动。同时也要注意顶尖人才的储备，不仅要培养人才，更要关注如何留住人才和吸引海外高端领域人才回流。另外，制造业企业也要注意吸引外商直接投资和其他领域的投资，为创新活动提供足够的配套设备和基础设施等。

表 5－10　　　　　　　　　制造业总体面板数据回归结果

	Patent	Invent		Pro
	FE	FE	RE	FE
VSS	2.8057***	6.5548***	5.7074***	0.9833*
	(2.63)	(4.07)	(5.56)	(1.93)
RDK	59.5017***	61.7917***	59.8902***	34.9587***
	(4.67)	(2.92)	(2.92)	(5.76)
RDL	-11.0041***	-0.2511	0.9636	0.9762
	(-2.99)	(-0.04)	(0.17)	(0.56)
QS	0.0633	0.3937**	0.4452***	-0.0395
	(0.64)	(2.30)	(2.66)	(-0.84)
HTS	0.8450***	0.7358***	0.7241***	0.0759***
	(120.42)	(10.95)	(11.02)	(3.85)
_cons	0.9147***	-1.5038***	-1.4417***	1.4100***
	(3.68)	(-3.57)	(-4.23)	(11.92)
Hausman－chi2	23.61 (0.0003)	—	2.02 (0.8463)	48.33 (0.0000)
R^2	0.8633	0.7560	0.7548	0.4561
n	195	135	135	195

注：*、**、*** 分别表示 10%、5%、1% 的显著性水平，常数项和变量系数下面括号内的数值为 t 值。以发明专利申请数为被解释变量的回归结果，固定效应和随机效应的结果相差不大，Hausman 检验的结果也表明可以选择固定效应或随机效应，由于固定效应模型相对于随机效应模型更常使用，并且主要解释变量的系数较大，所以本文采用固定效应模型回归。

接下来，对制造业分行业进行回归分析。仍然按要素密集度分类，分别以专利申请数、发明专利申请数和新产品产值率为被解释变量，检验国际垂直专业化对三种要素密集型行业的技术创新能力的影响。采用固定效应模型回归，结果如表 5-11 所示。

首先，国际垂直专业化对劳动密集型制造业的专利申请数的影响不显著，可能原因是我国劳动密集型制造业大多数是由国内企业生产，较少进口中间投入品，参与国际垂直专业化程度较低，所以国际垂直专业化分工对创新产出的影响不显著。国际垂直专业化对劳动密集型制造业的发明专利申请数的影响显著为负，原因可能是劳动密集型制造业的自主创新活动多是依靠 R&D 资本投入，并且劳动密集型制造业参与国际垂直专业化的程度较低，技术溢出效应小，对企业的创新活动作用较小，反而还会因为挤占了创新资源而阻碍自主创新活动。国际垂直专业化显著促进了劳动密集型制造业的新产品产值率，原因可能是新产品多是通过二次创新活动实现的，劳动密集型制造业通过参与国际垂直专业化，可以在组装加工过程中学习模仿生产技术，并利用学习的技术对企业的产品加以改进，例如产品结构、外形、功能改变，从而促进新产品产出。R&D 资本对劳动密集型制造业的三种创新产出的影响均不显著，原因可能是劳动密集型制造业的 R&D 活动较少，对 R&D 资本的需求不高。R&D 人员投入对劳动密集型制造业的专利申请数和发明专利申请数的影响均显著为正，表明劳动密集型制造业的创新活动对 R&D 人员需求较大，特别是能够直接产生经济效应的应用型人才和拥有熟练技术的劳动力。劳动密集型制造业企业的规模对创新产出的影响不显著，原因可能是劳动密集型制造业对创新活动的要求较低，企业的规模大小多体现在劳动力人数上，与创新活动没有直接的联系。劳动密集型制造业的行业投资规模对专利申请数和发明专利申请数有显著促进作用，原因可能是劳动密集型制造业企业的发明创造多体现在生产设备的改进方面，这与投资是紧密相连的。

其次，国际垂直专业化水平对资本密集型制造业的创新产出具有显著的促进作用，原因可能是资本密集型制造业所需要的生产技术是已经成熟的技术，并且这种技术较容易转移和外溢，对于本国企业来说也较容易学习模仿，所以资本密集型制造业参与国际垂直专业化能够促进创新能力的提升。R&D 资本对资本密集型制造业的专利申请数和新产品产值率的影响显著为正，而对发明专利申请数的影响不显著，原因可能是资本密集型制造业的创新活动更多的体现在实用新型和外观设计方面，所以 R&D 资本投入对发明专利的影响并不显著。R&D 人员投入显著促进了资本密集型制造业的发明专利申请数，但对专利申请和新产品产值率的影响显著为负，表明相对于R&D资本投入，资本密集型制造业的发明创造更需要的是人才的投入。资本密集型制造业企业规模对专利申请和新产品产值率的影响显著为正，但对发明专利申请的影响不显著。行业投资规模对专利申请和发明专利申请数的影响显著为正，但对新产品产值率的影响不显著。

最后，国际垂直专业化对技术密集型制造业的专利申请数影响不显著，原因可能是对于技术密集型制造业来说，我国自主创新能力低，虽然参与国际垂直专业化程度较高，但是跨国公司有可能对出口的中间投入品采取技术控制，导致我国利用进口中间品进行知识积累从而促进创新能力的意图收效甚微。国际垂直专业化显著促进了技术密集型制造业的发明专利申请数，可能是因为技术密集型制造业自身的技术水平较高，通过代工生产能够较容易掌握物化在中间产品中的技术，并且技术密集型制造业企业的吸收能力较强，能够通过吸收技术溢出实现技术创新能力的提升。国际垂直专业化对技术密集型制造业的新产品产值率的影响显著为负，可能原因是技术密集型制造业是参与国际垂直专业化程度较高的行业，企业从事代工生产，会占用一部分资源用于进口中间品，一定程度上会不利于新产品的生产。R&D资本投入对技术密集型制造业的专利申请和发明专利申请数均具有显著的促进效应，但对新产品产值率影响不显著，原因是技术密集型制造业企业的新产品应用性较强，R&D资本对研发环节的专利生产活动具有显著促进作用，但专利技术是否能够转化为生产力进而形成新产品，还受到其他要素的影响，例如：知识产权保护、产品市场需求等。R&D人员投入对技术密集型制造业的专利申请和发明专利申请数均具有显著的阻碍作用，而对新产品产值率具有显著的促进作用。技术密集型制造业企业规模大会显著促进创新产出，而行业投资规模对技术密集型制造业的专利申请和发明专利申请数均具有显著的促进作用，对新产品产值率影响不显著。

总的来说，国际垂直专业化对制造业分行业的技术创新能力的影响差异较大。国际垂直专业化对劳动密集型制造业和技术密集型制造业的技术创新能力的影响不显著，而对资本密集型制造业的技术创新能力具有显著的促进作用，表明我国应该积极鼓励资本密集型制造业融入国际垂直专业化体系中，从而提升技术创新能力。R&D资本对资本和技术密集型制造业企业的技术创新能力具有重要的促进作用，而对劳动密集型制造业技术创新能力的影响不显著，表明我国应该加大对资本和技术密集型制造业企业的 R&D 投入力度。

表 5-11　　制造业按要素密集度划分的行业面板数据回归结果

	Patent			Invent			Pro		
	劳动密集型	资本密集型	技术密集型	劳动密集型	资本密集型	技术密集型	劳动密集型	资本密集型	技术密集型
VSS	1.5150 (0.54)	8.2563*** (4.06)	-1.0333 (-0.56)	-4.7868* (-1.74)	7.5334*** (2.65)	7.8559** (2.12)	5.1293*** (3.89)	4.7514*** (3.78)	-1.8585** (-2.44)
RDK	3.9390 (0.11)	103.9474*** (4.85)	58.6338*** (3.42)	28.5984 (0.77)	-12.7231 (-0.33)	100.8446*** (2.71)	27.4159 (1.62)	68.7553*** (5.19)	8.6275 (1.23)
RDL	37.6036** (2.18)	-10.9863* (-1.74)	-25.9517*** (-5.56)	33.5066* (1.95)	30.6402*** (2.82)	-26.4598*** (-2.98)	7.8571 (0.98)	-3.1773 (-0.81)	7.6977*** (4.02)
QS	-0.1920 (-1.04)	0.3689*** (2.74)	1.0540*** (4.00)	-0.2748 (-1.16)	-0.1927 (-0.79)	0.8834* (1.69)	0.1272 (1.47)	0.1733** (2.09)	0.2485** (2.30)
HTS	0.9867*** (14.95)	0.5689*** (9.80)	0.4578*** (4.60)	0.7560*** (10.51)	0.6487*** (7.68)	0.6406*** (3.44)	0.0468 (1.52)	-0.0032 (-0.09)	-0.0123 (-0.30)
_cons	-0.2067 (-0.46)	0.7029*** (2.77)	4.2376*** (4.90)	-0.0044 (-0.01)	0.0715 (0.18)	-1.0299 (-0.60)	0.8170*** (3.90)	0.5961*** (3.81)	2.5132*** (7.09)
R^2	0.9042	0.9355	0.8975	0.8790	0.8810	0.7839	0.5218	0.8258	0.5693
n	65	65	65	45	45	45	65	65	65

注：*、**、***分别表示10%、5%、1%的显著性水平，常数项和变量系数下面括号内的数值为 t 值。

（三）制造业企业吸收能力的检验

以专利申请数为被解释变量对制造业总体和分行业企业的吸收能力进行检验，通过 Hausman 检验，都采用固定效应模型回归。回归结果如表 5-12 和表 5-13 所示。表 5-12 反映的是以 R&D 资本投入为吸收能力的回归结果，表 5-13 反映的是以 R&D 人员投入为吸收能力回归结果。

从表 5-12 的回归结果中可以看出，R&D 强度与国际垂直专业化的交互项对中国制造业企业创新产出的影响显著为正，说明中国制造业技术创新能力的提升除了受垂直专业化的影响外，在很大程度上还取决于企业的吸收能力。R&D 强度与垂直专业化水平的交互项显著促进了劳动和资本密集型企业的创新产出，但是 R&D 强度与垂直专业化水平的交互项对技术密集型企业的创新产出不显著，可能是由于技术密集型制造业 R&D 强度较低，对技术溢出的吸收转化能力有限。

从表 5-13 的回归结果可以看出，人力资本与国际垂直专业化的交互项显著促进了制造业总体的创新产出，说明中国制造业技术创新能力的提升同样也受到企业的人才储备的影响。人力资本与国际垂直专业化的交互项显著促进了劳动和资本密集型企业的创新产出，但是显著阻碍了技术密集型企业的创新产出，表明我国技术密集型制造业企业在人力资本储备方面的欠缺，尤其是应用型人才的短缺，在将技术转化为生产力方面能力不足，在一定程度上导致了我国二次创新能力低下。

表 5-12　　　　　制造业总体和分行业面板数据回归结果

Patent	总体	劳动密集型	资本密集型	技术密集型
VSS	0.9144	-8.5014***	—	—
	(0.67)	(-2.67)		
RDK×VSS	242.7364***	680.1679***	656.9683***	86.7513
	(3.19)	(2.82)	(6.69)	(1.02)
QS	-0.2018***	-0.1169	-0.0237	0.4731**
	(-2.62)	(-0.59)	(-0.25)	(1.92)
HTS	0.9368***	0.9808***	0.7037***	0.6920***
	(26.30)	(14.10)	(12.72)	(7.33)
_cons	0.8929***	0.8180***	1.3891***	2.5283***
	(3.92)	(2.09)	(5.08)	(4.43)
R^2	0.8511	0.8978	0.8996	0.8412
n	195	65	65	65

注：*、**、*** 分别表示 10%、5%、1% 的显著性水平，常数项和变量系数下面括号内的数值为 t 值。

总的来说，国际垂直专业化对中国制造业技术创新能力的提升具有促进作用。

首先，从创新投入角度来说，虽然国际垂直专业化对制造业总体的创新投入具有挤出效应，但是企业在将这部分研发投入用于购买中间品和引进技术后，也可以通过学习模仿进行二次创新，从而提升技术创新能力。国际垂直专业化对资本密集型制造业的创新投入具有显著的促进作用，对劳动密集型制造业 R&D 投入具有显著促进作用，但是对其 R&D 人员投入具有显著的阻碍作

表 5-13　　　　　　　制造业总体和分行业面板数据回归结果

Patent	总体	劳动密集型	资本密集型	技术密集型
VSS	—	-7.9679***	—	2.8490
		(-3.09)		(1.52)
RDL × VSS	36.0756***	409.8283***	192.391***	-74.0528***
	(2.57)	(3.65)	(6.08)	(-3.51)
QS	-0.2956***	-0.1447	-0.2290***	0.9239***
	(-3.75)	(-0.79)	(-2.87)	(3.13)
HTS	0.9698***	0.9892***	0.7741***	0.5096***
	(26.84)	(15.62)	(14.89)	(4.55)
_cons	1.2751***	0.6433*	1.4602***	3.9129***
	(5.77)	(1.76)	(5.15)	(6.59)
R^2	0.8337	0.9053	0.8916	0.8661
n	195	65	65	65

注：*、**、*** 分别表示 10%、5%、1% 的显著性水平，常数项和变量系数下面括号内的数值为 t 值。

用，国际垂直专业化对技术密集型制造业的创新投入具有显著的阻碍作用。国际垂直专业化显著促进了参与国际垂直专业化程度低的制造业行业的 R&D 资本投入和 R&D 人员投入，对参与垂直专业化程度中等的制造业行业的 R&D 资本投入不显著，而对参与垂直专业化程度高的制造业行业的 R&D 资本和 R&D 人员投入都具有显著的负面作用。

其次，从创新产出角度来说，国际垂直专业化对制造业总体具有显著的促进作用，但是对制造业分行业的技术创新能力的影响差异较大。国际垂直专业化对劳动密集型制造业和技术密集型制造业的技术创新能力的影响不显著，而对资本密集型制造业的技术创新能力具有显著的促进作用，表明我国应该积极鼓励资本密集型制造业融入国际垂直专业化体系中，从而提升技术创新能力。

最后，从企业吸收能力角度来说，制造业企业的吸收能力显著影响国际垂直专业化的效果，企业的 R&D 投入强度和人力资本都显著地影响了技术溢出的效果，研究结果表明制造业企业的吸收能力对技术创新具有正向促进作用。其中，劳动密集型和资本密集型企业的 R&D 投入对国际垂直专业化的技术溢出效应具有显著的促进作用，而技术密集型制造业企业的 R&D 投入对国际垂直专业化的技术溢出效应不显著，表明我国技术密集型制造业 R&D 资本投入不足；劳动密集型和资本密集型企业的人力资本对国际垂直专业化的技术溢出效应具有显著的促进作用，而技术密集型制造业企业的人力资本对国际垂直专业化的技术溢出效应具有显著阻碍作用，表明我国技术密集型制造业人力资本严重匮乏。

本文实证研究结果对于已经深入国际垂直专业化体系的制造业技术创新能力的提升具有重要的指导意义。中国制造业企业要充分利用垂直专业化过程中的技术外溢效应，提高技术创新能力，进而增强自主创新能力，促进中国制造业在全球价值链中的地位提升，实现制造业升级和提升国际竞争力。然而，由于中国制造业不同行业之间的差异性较大，国际垂直专业化对不同行业技术外溢效应不同，所以应针对不同的制造业行业制定不同的政策和策略。

首先，劳动密集型制造业的特征是以资源和劳动力要素投入为主的基础产业，例如，食品饮料制造业、纺织业、钢铁加工业等。这些产业的技术要求低，无需进口高技术的零部件和中间投入品，因而参与垂直专业化的程度也较低。所以垂直专业化水平对该产业创新能力的提升效果不明显。然而该产业的发展和升级也需要技术创新，除了企业和国家的创新投入之外，也需要与行业领先者加强技术交流与合作，例如，可以通过购买国外同行业的先进技术或者相关产品进行二次创新，从而优化产业生产方式，实现劳动密集型产业升级。

其次，资本密集型制造业在生产过程中所需要的技术一般是一些较容易扩散，并且已经较为成熟的技术，行业领先者也没有对该技术进行锁定的意图。后起者通过参与国际垂直专业化，一方面，跨国公司对其子公司技术转移和人员培训会产生一定的技术外溢效应，有利于本土企业进行资本和技术积累；另一方面，本土企业在承接跨国公司的产品生产环节时，物化在中间投入品中的技术会通过进口而产生溢出效应，促进中间投入品进口国相关企业甚至产业的技术积累，进而在一定程度上会促进创新能力的提升。

最后，技术密集型制造业的发展需要的是核心前沿的技术，这种技术具有高回报，一旦掌握该技术就能在相关领域成为垄断者，所以拥有该技术的企业会进行严格的保密措施，行业领先者会将物化在中间投入品中的高端技术进行保密处理，使得技术难以被进口国学习和掌握。虽然短期来看，我国技术密集型制造业参与国际垂直专业化并不能显著提升产业的创新能力，但是会使得我国相关企业接触到一些高技术产品的生产，特别是一些行业前景较好，对国民经济发展有巨大推动作用的产品，通过长时间的学习和研发，会促进相关企业自主创新能力的提升，进行自行研发设计具有自主品牌的高科技产品，慢慢占领行业的顶端位置。

第六章
国际垂直专业化、技术创新与中国制造业升级

目前,学术界对国际垂直专业化给发展中国家产业升级带来的影响主要存在两种观点。一种是认为由于国际垂直专业化的技术溢出机制会促进参与分工的发展中国家提升技术创新能力,从而促进产业升级。持这种观点的人认为国际垂直专业化对一国的初始技术和资本禀赋的要求相对较低,只要能具备产品生产的某一工序或阶段的要求,即可参与到分工体系中,所以对于生产能力较低的发展中国家参与较高技术含量产品的生产,促进技术进步与产业结构升级提供了机遇(Gereffi,1999;Memedovic,2004)。例如:亚洲"四小龙"利用国际垂直专业化提供的机会,依照比较优势原理,在不同程度上走出了一条组装——制造——研发的产品内分工升级带来的产业升级之路。

另一种观点认为国际垂直专业化对发展中国家产业升级会产生负面影响,有可能使发展中国家"跌入"比较优势的分工陷阱,被锁定在全球价值链的低端环节,不利于本国的产业升级(Lall et at,2005;刘志彪、张杰,2007;孙景蔚、李淑锦,2008)。持这种观点的人认为:一方面,由于发达国家跨国公司居于国际垂直专业化体系的核心控制位置,其通过对于产品设计研发、品牌与销售渠道等技术和资本密集的高端环节的控制,成为生产链的主导者和价值增值的主要获取者,而发展中国家的企业则往往以代工生产的形式处于受支配地位的劳动密集型低端环节,只能获得少量的价值增加,而发达国家为了能够长期占据竞争优势,会对核心技术进行严格封锁,防止发展中国家企业因获取技术而占据高附加值的研发设计和营销环节,所以发达国家出于绝对控制权的考虑,会努力将发展中国家压制在价值链的低端环节;另一方面,由于发展中国家的代工企业在这种分工模式下,能够以较低的技术和资本获得一定的利

益，无需为提高技术进行长期的研发投入和资本积累，但长期来看，会降低企业创新动力，导致企业"不思进取"，安于代工生产的发展模式，阻碍技术进步和产业升级。

所以，有必要分析参与国际垂直专业化会对中国制造业升级带来怎样的影响，并对制造业细分行业进行比较分析，以期能够较客观地评价我国参与国际垂直专业化对制造业升级的影响。

第一节 国际垂直专业化和技术创新对中国制造业升级的作用机制

一、国际垂直专业化对制造业升级的作用机制

改革开放以来，中国制造业的技术主要来源于参与发达国家主导的国际垂直专业化的技术转移和技术外溢，也就是说，中国制造业升级和技术创新能力提升主要是建立在国际垂直专业化的技术溢出基础之上。虽然，在这个过程中国制造业自身也进行了大量的技术创新活动，但不可否认的是，在中国工业化的现阶段乃至今后相当长的一段时期，通过参与国际垂直专业化，承接发达国家的技术转移及吸收发达国家的技术外溢是中国制造业升级的重要途径之一。这种建立在国际垂直专业化基础上，借助于 FDI 和加工贸易进出口等渠道的技术溢出机制，并且通过国内制造企业的吸收作用，使国内制造企业提升技术创新能力，进而促进产业升级，就是技术创新和产业升级的互促过程。

技术创新能力提升的关键是技术学习的过程，在国际垂直专业化中，中国制造业在参与跨国公司主导的国际垂直专业化体系中，一方面，通过与跨国公司合资、合作或为其子公司提供配套产品等形式，获取产业内参与技术学习的机会。由于跨国公司会带来较先进的技术和管理知识，有助于提高国内相关产业的技术水平和技术能力。通过外资企业的技术示范、对国内配套企业的技术支持和产品品质规格的要求、人力资源的培训和人员流动，本土企业获得技术外溢效应；另一方面，国内企业承接跨国公司的外包业务，通过进口大量高技

术含量的零部件和生产设备，在加工过程中通过"逆向工程"学习物化在零部件和生产设备中的无形的技术知识，提升了企业的技术能力。随着中国制造业参与国际垂直专业化程度的加深，在技术转移和技术外溢效应以及跨国公司的技术示范效应的共同作用下，产业的技术水平、劳动力素质获得极大的提升，会吸引外资企业将产品研发中心、营销中心和品牌维护等高附加值环节转移到中国，并且国内一些资本和技术实力较强的企业也会主动进行自主品牌的建设和维护，实现从代工向自主品牌生产的价值链升级过程。

二、技术创新对制造业升级的作用机制

制造业企业在从劳动密集型产品的生产环节向资本和技术密集型产品生产环节的转移过程中，主要是凭借丰富的自然资源和廉价劳动力以代工身份嵌入到发达国家跨国公司主导的资本和技术密集型产品的国际垂直专业化体系中，在这个过程中，一方面，通过跨国公司的FDI技术转移和技术外溢以及加工贸易渠道的技术溢出机制，我国劳动密集型制造企业获得了先进技术和资本，促进了技术创新能力的提升；另一方面，为了满足跨国公司对产品的要求，国内制造业企业也要不断的进行技术创新，提升技术能力。在这个过程中，由于在技术上依赖发达国家，发展中国家无论是在技术上还是在产业链上都处于价值链的低端环节，所以国内制造企业主要是通过学习模仿跨国公司先进技术从而提升技术创新能力，即在跨国公司主导的国际垂直专业化中，国内制造企业一方面通过技术溢出机制提高了模仿性技术创新能力，另一方面制造企业模仿性技术创新能力的提升会促进制造业承接更多、技术更复杂的资本和技术密集型产品的生产，而在这个过程中，国内制造企业的模仿性技术创新能力又会得到进一步提升。所以，事实上，在制造业升级过程中，产业技术创新能力的提升和产业升级之间是互补互促的关系。

但是，对于中国制造企业来说，制约企业发展最关键的就是缺乏核心技术，核心技术一方面可以通过企业长期技术积累，加上企业不断地研发投入实现。国内制造企业在参与国际垂直专业化中，通过在生产过程中对溢出技术的使用来学习、消化和吸收这些技术，积累进行技术创新的资本和技术。随着技术能力的提升和技术储备的增加，国内制造企业逐渐掌握了模仿创造的技术，结合企业在模仿过程中不断地进行研发、试验等产品创新活动，最终实现突破原有产品的技术封锁，掌握核心技术并创造出新产品，进而实现向价值链高附

加值环节的攀升。另一方面可以依靠企业依赖自身所具有的能力和资源进行的创新活动。在国际垂直专业化中，跨国公司出于竞争优势的考虑，垄断和控制核心技术，从而使制造企业长期被压制在价值链的低端加工组装环节。在这种情况下，国内制造企业若要改变"锁定"状态，实现价值链的攀升，关键就是突破技术封锁，即要掌握产品的核心生产技术，而这个过程的实现，必须依靠企业自主研发，提升自主性技术创新能力，进而企业不仅可以实现价值链的攀升，也能够构建以自己为主导的产品生产链，成为国际垂直专业化的领导厂商，获取巨大的分工利益，真正实现产业升级。

第二节 国际垂直专业化下中国制造业升级的影响因素

一、国际垂直专业化水平

国际垂直专业化与贸易使得生产环节高度分离，跨国公司为了降低生产成本，提高竞争力，将劳动密集型生产环节转移到劳动力丰富的发展中国家，这些国家本身可能不具备生产某种产品的技术，但通过进口高技术含量的中间产品，经过组装加工，反而成了高技术产品的出口国。例如，我国电子产品生产企业从美、日、韩等国进口大量的高技术零部件，经过组装加工后，通过垂直专业化贸易出口到国际市场，导致我国电子产品技术水平不断提高。进口高技术含量的中间投入品对产业技术水平提升起到了直接促进作用。在某种程度上，一个产业的国际垂直专业化水平越高，该产业的技术水平就越高。因此，中国制造业产业技术水平的提高有可能一部分来源于国外技术的贡献，反映了中国参与国际垂直专业化的现实。

对于我国来说，参与国际垂直专业化的目的不仅在于增加就业机会，更重要的是希望通过全球生产网络中的技术转移和扩散机制提高技术水平和改善分工地位，实现价值链升级。垂直专业化对一国的技术和资源禀赋要求相对较低，只要具备某一环节的生产优势就能参与到国际分工体系中，承担与本国资源禀赋条件相对应的生产环节。在参与国际分工的过程中，通过不断拓展业务范围，吸收转化各种知识和技术，逐渐提升价值链地位。Gereffi（1999）和 Memedovic（2004）的研究表明亚洲"四小龙"利用国际垂直专业化提供的契机，按照比较优势的原理，在不同程度上走出了一条"组装——制造——研发"的产品内分工升级带来的产业升级之路。唐海燕和张会清（2009）利用中间品的进出口贸易额占贸易总额的比重来衡量产业内分工情况，研究结果表明产品内国际分工能够显著促进价值链的提升。邱斌等（2012）根据投入产出表测算了中国制造业 22 个行业的垂直专业化指数，并通过实证分析证明垂直专业化会促进制造业价值链升级。

但是，国际垂直专业化的结果不一定促进我国价值链环节和分工地位的提升，因为价值链的提升是一个复杂的过程，需要人才积累、基础设施、公共服务等多方面的支持，而我国目前在这些方面还存在很多的欠缺和不足，难以承接高技术含量国际外包业务，有可能长期被锁定在低附加值的产业链环节，陷入比较优势的分工陷阱中。已有的一些经验研究表明国际垂直专业化不利于本国产业升级（Lall et al.，2005；刘志彪和张杰，2007；孙景蔚和李淑锦，2008；张明志，2011 等）。

二、制造业技术创新能力

关于技术创新与产业升级的关系，学术界一致认可技术创新能力是产业升级的基础和核心推动力（白嘉，2012）。Gereffi 和 Tam（1999）认为垂直专业化格局下，产业升级的基础是技术创新。丁焕峰（2006）提出产业技术创新创造出高利润和新需求，进而促进该产业发展与升级。产业技术创新的基础是企业的技术创新，企业技术创新能力主要表现在创新投入和创新产出两方面，其中创新投入包括研发资本投入和研发人员投入，创新产出主要包括专利申请数和新产品销售收入等。创新投入是企业对技术创新活动支持力度的直接表现，投入越多，表明企业获取技术的积极性和主动性越高，越容易进行技术创造和资本积累，从而提升生产率水平。Schott（2008）认为，一国创新投入越多，出口产品的技术水平越高。由于本章主要分析技术创新对产业升级的影响作用，所以我们在此仅考虑创新投入因素。

三、人力资本

由于国际技术溢出效应实现的前提是企业具有一定的吸收能力，在国际垂直专业化体系中，企业是否可以通过国际技术溢出实现升级，企业自身对技术的吸收能力起决定性作用。企业的吸收能力主要体现在人力资本方面，人力资本是吸收技术和创新的基础和支撑。Falvey 等（2004）选取了 5 个 OECD 国家作为技术溢出国，52 个发展中国家作为技术移入国，研究了人力资本对进口贸易技术溢出的影响，检验结论表明人力资本对进口贸易的技术溢出效应具有显著的促进作用。赖明勇和袁嫒（2005）研究表明，国内研发投入和人力资本与我国全要素生产率之间存在长期均衡的关系，但是国外研发则由于我国人力资本的吸收能力，对全要素生产率具有一定的滞后效应。谢建国和周露昭（2009）的研究也证实了人力资本吸收能力显著影响了国外技术溢出。制造业人力资本水平越高，表明制造业劳动力素质越高、技术熟练程度越高，越能有效地吸收转化从国际垂直专业化中转移的各种技术和知识，促进产业升级。

四、物质资本投入

资本是维持生产活动的基本投入和核心投入，资本投入的提高会直接促进技术知识积累，也会间接促进技术溢出，从而提升生产率水平。在现有文献中，对于资本的测度主要有以下几种方法：一种是用固定资本形成总额占 GDP 的比重衡量，例如，Ngo（2004），唐海燕、张会清（2009），姚博、魏玮（2012）。陈诗一认为应该用当年的价格指数去平减当年新增的投资额。第二种是根据固定资产的价值通过永续盘存（PIM）的方法来计算，这种方法较科学地测算了固定资本存量，但是，由于行业层面的数据无法获得，可以采用经价格平减后的固定资产净值年均余额作为工业分行业资本存量的另一种近似估算，如李小平等（2008）。基于企业数据的研究也通常直接使用固定资产净值作为资本存量的代理变量，如涂正革和肖耿（2005）、李玉红等（2008）。

五、制度环境

制度环境和政府政策也会对产业升级产生重要的影响。制度环境是指与政治、经济和文化有关的法律、法规和习俗。通常制度环境指的是政府治理水平，政府治理水平越高，越能够促进生产。

政府制定贸易与投资便利化措施，如税收优惠、外资引入等，或者鼓励企业开展技术升级、人才培训等，都有利于中国制造业企业在参与国际分工中，不断适应跨国公司经营管理的要求，形成强大的供应能力，并不断吸收跨国公司转移过来的知识和技术，最终实现产业升级。反之，一些消极的贸易政策可能不利于产业升级机制的有效发挥。例如，如果对进口产品征收的关税过高，可能会扭曲产品价格机制，使产品的国内价格与国际价格相背离，结果导致一国的资源禀赋与企业生产行为错配，即一国本来是技术禀赋丰富的国家却生产劳动密集型产品。实际上，我国的出口贸易结构在很大程度上受政府生产导向和技术导向的政策影响。

第三节 国际垂直专业化、技术创新与中国制造业升级的实证检验

一、制造业升级的评价指标

在实证研究中，关于制造业价值链升级的衡量指标主要有以下三个：第一，采用增加值率（工业增加值÷工业总产值）指标（马红旗和陈仲常，2012），该指标在一定程度上体现了出口产品国内生产阶段中的价值增值量，增值率越高表明该产业所处全球价值链的位置越高，越能获得高收益。第二，采用出口技术复杂度指标（Rodrik，2006；Bin Xu，2007；姚洋和张晔，2008；邱斌，2012等），该指标假设一国的出口产品技术水平与该出口国的收入水平正相关，即高收入国家出口的多是技术水平较高的产品，低收入国家出口的多是技术水平较低的产品。这虽然在一定程度上可以反应一国出口产品的技术水平高低，但是并不能客观反映该国出口产品的附加值高低。例如，近年来我国高技术水平的产品出口量不断增加，表面上似乎说明我国出口产品的技术已经达到了较高的水平，但实际上这些产品的生产主要是通过对进口的高技术水平的零部件进行简单加工进而出口到其他国家的，在产品的价值链中，我国只是在低附加值的劳动密集型环节具有比较优势，获得的仅是报酬很低的加工组装环节的利润，因此，出口产品技术水平的高低并不能客观反映一国制造业附加值的高低，也就无法用以衡量制造业是否在不同的价值链附加值环节中得到了提升。第三，采用出口国内附加值或附加值率计算，许多学者利用这个指标计

算了中国制造业出口实际的获利情况,发现近些年虽然中国的出口总量在迅速增长,但是中国制造业企业从事的多是低附加值环节,所以获利较少。学者们经常使用芭比娃娃的例子来解释这个现象,一个芭比娃娃的售价是10美元,而中国仅获得了0.99美元。

这三个评价指标各有利弊,第一个指标计算简单,不受投入产出表的限制,但是准确度不高;第二个指标从出口产品技术的角度进行判断,优势是可以计算产品层面的技术含量,缺点是无法反映国内增加值的情况,所以可能会导致对被评价国家在全球价值链地位的误判;第三个指标是目前学者们比较推崇且较为科学的衡量指标,能够大致判断出口的国内附加值情况,但由于该指标主要是根据非竞争型投入产出表计算,所以只能得到产业层面的数据,导致结果不能够精确反映国内增加值情况。由于本书的制造业升级的含义主要是指价值链升级,即从低附加值环节向高附加值环节攀升,所以本书使用增加值率指标计算。

二、计量模型与变量选取

由表6-1和表6-2可以看出,三种行业的增加值率均有所下降,其中,劳动密集型制造业中的食品制造及烟草加工业和资本密集型制造业中的石油加工、炼焦及核燃料加工业下降幅度较大。但是,从数据上发现,大部分行业在2007年之前的增加值率处于上升的态势,而之后增加值率才开始出现了下降,由于2007年年末国际金融危机爆发,对我国的制造业的出口带来了严重冲击,所以有可能增加值率的降低与金融危机有关。

表6-1 1998—2011年中国制造业分行业增加值率 单位:%

行业	1998年	2007年	2008年	2009年	2010年	2011年	差值
食品制造及烟草加工业	31.70	34.87	30.63	29.70	27.44	25.19	-6.51
纺织业	23.25	26.23	25.38	26.65	23.06	21.81	-1.44
服装皮革羽绒及其制品业	23.53	29.37	27.52	27.38	26.40	27.24	3.71
木材加工及家具制造业	24.05	28.21	25.21	2.72	23.37	23.30	-0.75
造纸印刷及文教体育用品制造业	27.46	28.36	25.98	26.82	25.05	25.52	-1.94
石油加工、炼焦及核燃料加工业	22.69	17.35	14.27	15.81	12.74	10.86	-11.83
化学工业	25.06	27.69	25.16	26.04	23.54	21.64	-3.42
非金属矿物制品业	28.37	31.17	27.07	26.17	24.40	23.05	-5.32

续表

行　　业	1998年	2007年	2008年	2009年	2010年	2011年	差　值
金属冶炼及压延加工业	23.86	26.07	22.50	25.92	22.98	20.41	-3.45
金属制品业	23.45	26.30	23.03	23.68	22.51	22.86	-0.59
通用、专用设备制造业	26.27	28.18	24.65	24.47	23.11	23.09	-3.18
交通运输设备制造业	25.65	25.69	24.06	22.80	21.00	20.62	-5.03
电气机械及器材制造业	24.24	25.20	23.50	23.72	21.93	21.16	-3.08
通信设备、计算机及其他电子设备制造业	22.91	20.20	20.22	20.97	19.87	19.85	-3.06
仪器仪表及文化办公用机械制造业	24.32	27.00	26.30	26.31	24.99	24.37	0.05

注：数据来源于《中国统计年鉴》，并由作者计算得出。

表6-2　1998—2011年按要素密集度制造业分行业增加值率　　　　单位：%

制造业行业（平均值）	1998年	2007年	2008年	2009年	2010年	2011年	差　值
劳动密集型	27.40	30.64	28.00	27.76	25.75	24.68	-2.72
资本密集型	24.84	26.11	22.92	24.67	22.10	20.22	-4.62
技术密集型	24.72	24.49	23.06	23.04	21.57	21.30	-3.42

注：数据来源于《中国统计年鉴》，并由作者计算得出。

根据上述影响因素的分析，我们在企业生产函数的基础上，根据所要研究的对象，建立实证检验的计量模型如下：

$$WI_{it} = \alpha_0 + \alpha_1 K_{it} + \alpha_2 RD_{it} + \alpha_3 VSS_{it} + \alpha_4 I_{it} + \varepsilon_{it}$$

其中，WI代表价值链升级变量；K代表物质资本投入变量；RD代表技术创新能力变量；VSS代表国际垂直专业化水平变量；I代表制度环境变量；下标i和t分别代表制造业行业和时间。由于人力资本的计算通常是用科技活动经费内部支出占年末从业人数的比重，所以与代表技术创新能力的R&D强度具有较强的相关性，为避免多重共线性，我们在这里只考虑R&D强度变量。

三、数据来源与处理

我们的样本仍然是制造业15个行业，样本期是1998—2011年。为了统计口径的一致性，我们采用规模以上企业相关数据进行分析。被解释变量根据上一节的指标进行计算。相关的解释变量和控制变量指标和数据来源如下：

（一）物质资本投入

关于物质资本投入的计算，可以采用物质资本存量和物质资本密度两种指标。对于物质资本存量，现有文献往往是根据固定资产的价值通过永续盘存法来计算，但该方法较复杂，在实证分析中，许多学者采用固定资产净值年均余额并经价格平减后的指标作为资本投入的另一种近似估算（李胜文和李大胜，2008；李小平，2008 等）。物质资本密度，可以采用人均固定资产净值年均余额来表示（邱斌，2012），即用制造业各行业的固定资产净值年均余额除以年末从业人员数得到制造业行业的物质资本密度。其中对当年价的固定资产净值年均余额按照固定资产投资价格指数进行平减得到排除物价变化因素的固定资产净值年均余额，对于固定资产投资价格指数的计算，我们根据李小平（2005）的方法进行计算。计算固定资产投资价格指数的数据来源于《中国固定资产投资统计年鉴》，其他数据来源于《中国统计年鉴》。

（二）技术创新能力

本书第五章中，我们以不同的指标衡量了技术创新能力，其中包括创新投入指标和创新产出指标，由于本章中我们将技术创新能力作为解释变量，所以采用创新投入指标较适合。为了减小模型内生性对回归结果的影响，对于技术创新能力的衡量我们采用 R&D 强度表示，计算方法是科技活动经费内部支出除以主营业务收入。由于《中国科技统计年鉴》中的企业数据的统计口径在 2007 年之前只有大中型工业企业，所以我们利用大中型工业企业的科技活动经费内部支出近似替代。数据来源于《中国科技统计年鉴》和《中国统计年鉴》。

（三）国际垂直专业化水平

对于国际垂直专业化水平的度量我们在这里仍然采用 VSS 指标，用公式表示为：

$$VSS = \mu A^M [I - A^D]^{-1} \exp^v \div \exp$$

其中，μ 是由 1 组成的 $1 \times n$ 维向量；n 是行业数目；$A^M = \{a_{ij}\}_{n \times n}$ 是各行业单位产出的进口中间投入系数矩阵，元素 a_{ij} 指的是 j 行业单位产出中使用的来自 i 行业的进口中间投入品；$\exp^v$ 为各行业的出口向量；$A^D = \{d_{ij}\}_{n \times n}$ 是各行业单位产出的国内中间投入系数矩阵，即国内消耗系数矩阵，元素 d_{ij} 指的

是 j 行业单位产出中使用的来自 i 行业的国内中间投入。

$$A^M + A^D = A$$

A 为直接消耗系数矩阵。$[I-A^D]^{-1}$ 是里昂惕夫逆矩阵，反映的是进口中间投入最终包含在出口产品之前，在国内各经济部门或各生产阶段循环使用的效果。仍然利用我国1997年、2002年和2007年的投入产出表进行计算，为了得到其他年份的国际垂直专业化指数，我们仍然按照第六章的方法进行近似计算。

（四）制度环境

根据邱斌（2012），学术界常用的衡量制度环境的指标主要有两个：一个是世界银行的世界治理指标（World Governance Indicators，WGI），另一个是 Fraser Institute 机构发布的经济自由度指数（Index of Economic Freedom）。本节参考唐海燕（2009）和邱斌（2012）的做法，选用经济自由度指数来衡量制度环境。经济自由度指数是基于法律、贸易自由度、劳动、商业管制等领域的指数合成得到的指标，每个领域又细分为若干项目，如知识产权保护、贸易壁垒、价格管制等。因此该指标能够较为全面的反映一国实际的制度质量。该指数的取值范围为0—10，数值越高表明该国经济运行的制度环境越宽松，越有利于企业降低交易成本，开展技术创新活动，快速推动价值链提升。我国历年的经济自由度指数如下表所示：

表6-3   1998—2011年中国经济自由度指数

年份	1998	1999	2000	2001	2002	2003	2004	2005	2006	2007	2008	2009	2010	2011
经济自由度	5.07	5.8	5.75	5.81	5.99	6.08	5.65	6.06	6.33	6.28	6.26	6.31	6.27	6.22

注：数据来源于 Fraser Institute。

四、计量结果分析

样本数据是1998—2011年15个制造业细分行业的面板数据。与第六章的实证分析方法一样，首先进行混合回归检验，考虑到模型中可能存在不随时间变化的遗漏变量，即个体效应，我们再对模型进行固定效应检验及随机效应检验。最后，为了判断模型的最优回归结果，分别进行 Hausman 检验和 F 检验等，根据检验结果，应选择固定效应模型回归。回归结果如表6-4所示。由于制度环境变量存在共线性问题，本节在结果中没有报告。

由表6-4可以看出，国际垂直专业化水平对中国制造业产业增加值率具有显著的阻碍作用，即制造业参与国际垂直专业的程度越深，越不利于制造业从价值链的低附加值环节向高附加值环节攀升，说明垂直专业化对中国制造业沿价值链攀升具有抑制作用，这也在一定程度上证明了发展中国家参与国际垂直专业化有可能"跌入"比较优势的分工陷阱，被锁定在全球价值链的低端环节。对于控制变量来说，研发投入对制造业价值链升级产生显著地促进作用，说明制造业从价值链低附加值环节向高附加值环节攀升的过程中，企业技术创新能力起到了重要作用。物质资本对制造业价值链的升级具有显著的阻碍作用，可能的原因是对于资本密集度较高的企业，在参与国际垂直专业化中主要依靠的是劳动密集型优势，所以物质资本集中并没有促进制造业价值链的升级，反而是企业为了获得FDI投资，而继续停留在劳动密集型环节的分工中，失去进行技术创新的动力。

表6-4 中国制造业升级的回归结果

WI	OLS	FE	RE
VSS	-0.2556***	-0.3230***	-0.2923***
	(-5.81)	(-7.59)	(-6.86)
K	-0.0356***	-0.0342***	-0.0349***
	(-8.54)	(-8.74)	(-8.79)
RD	1.2555***	1.7663***	1.5310***
	(3.44)	(5.01)	(4.34)
I	0.0037	—	0.0033
	(0.57)		(0.35)
_cons	0.3243***	0.3435***	0.3252***
	(8.39)	(31.87)	(5.78)
R^2	0.2639	0.3317	0.3290
n	210	210	210

注：*、**、***分别表示10%、5%、1%的显著性水平，常数项和变量系数下面括号内的数值为t值，空白部分是由于制度环境变量存在共线性，所以被省略了。

本书用国际垂直专业化指数滞后一期来检验模型的内生性问题，回归结果如表6-5所示。

表 6–5　　　　　　　　　中国制造业升级的内生性检验

WI	OLS	FE	RE
VSS（-1）	-0.1220***	-0.1507***	-0.1385***
	(-3.97)	(-5.09)	(-4.69)
K	-0.0302***	-0.0276***	-0.0288***
	(-9.64)	(-9.07)	(-9.51)
RD	0.8629***	1.0153***	0.9472***
	(3.60)	(4.41)	(4.12)
I	0.0035	—	0.0024
	(0.64)		(0.29)
_cons	0.2966***	0.3124***	0.3002***
	(9.11)	(35.59)	(6.07)
R²	0.3457	0.3814	0.3801
n	192	192	192

注：*、**、*** 分别表示 10%、5%、1% 的显著性水平，常数项和变量系数下面括号内的数值为 t 值，空白部分是由于制度环境变量存在共线性，所以被省略了。

接下来，我们对制造业分行业产业升级进行回归分析。我们仍然将 15 个制造业行业划分为劳动密集型制造业、资本密集型制造业和技术密集型制造业。在 Hausman 检验后，确定劳动密集型制造业采用随机效应模型回归，而资本和技术密集型制造业采用固定效应模型回归。回归结果如表 6–6 所示。

由表 6–6 可以看出，垂直专业化水平对制造业分行业的产业增加值率的影响都显著为负，进一步印证了国际垂直专业化对制造业价值链的升级具有一定的"锁定"作用。研发投入对资本密集型制造业增加值率的影响显著为正，而对劳动密集型和技术密集型制造业的影响不显著。物质资本投入对劳动密集型制造业增加值率的影响不显著，但是对资本和技术密集型制造业的增加值率的影响显著为负。

根据第五章的产业分类方法，我们再按参与国际垂直专业化程度的不同划分的三类行业进行分行业回归，包括参与程度低的制造业、参与程度中等的制造业和参与程度高的制造业，仍然采用固定效应模型回归。结果如表 6–7 所示。可以看出，国际垂直专业化对参与程度低和参与程度高的两类制造业分行业的增加值率的影响都显著为负，进一步印证了国际垂直专业化对制造业价值链升级具有一定的"锁定"作用，而对参与程度中等的制造业增加值率影响

表 6-6　制造业按要素密集度分类价值链升级的回归结果

WI	劳动密集型	资本密集型	技术密集型
VSS	-0.4360***	-0.9053***	-0.1307**
	(-2.94)	(-5.84)	(-2.47)
K	0.0144	-0.0521***	-0.0416***
	(1.21)	(-8.16)	(-5.91)
RD	-2.0740	7.2035***	0.5305
	(-1.09)	(9.82)	(0.87)
_cons	0.2354***	0.3609***	0.3473***
	(3.07)	(15.30)	(12.62)
R^2	0.5436	0.8114	0.4688
n	70	70	70

注：*、**、***分别表示10%、5%、1%的显著性水平，括号内的数值为t值。结果省去了制度环境变量。

不显著。回归结果表明，制造业参与国际垂直专业化的程度对制造业价值链升级并没有产生积极的促进作用。研发投入对参与程度低的制造业价值链升级的影响显著为正，而对参与程度中等和参与程度高的制造业的影响不显著。物质资本投入对参与程度中等的制造业价值链升级的影响不显著，但是参与程度低和参与程度高的制造业的价值链升级的影响显著为负。

表 6-7　制造业按参与国际垂直专业化程度分类价值链升级的回归结果

WI	低	中	高
VSS	-1.7379***	-0.0448	-0.1307**
	(-8.07)	(-0.22)	(-2.47)
K	-0.0714***	-0.0066	-0.0416***
	(-11.14)	(-0.75)	(-5.91)
RD	9.2080***	0.5170	0.5305
	(9.10)	(0.54)	(0.87)
_cons	0.4504***	0.2698***	0.3473***
	(20.81)	(12.42)	(12.62)
R^2	0.7680	0.0140	0.4688
n	70	70	70

注：*、**、***分别表示10%、5%、1%的显著性水平，括号内的数值为t值。结果省去了制度环境变量。

综上所述，可以得到以下结论：

第一，国际垂直专业化水平对中国制造业价值链升级具有阻碍作用，即制造业参与国际垂直专业化的程度越深，越不利于制造业从价值链的低附加值环节向高附加值环节攀升，说明国际垂直专业化对中国制造业沿价值链攀升具有抑制作用，这也在一定程度上证明了发展中国家参与国际垂直专业化有可能"跌入"比较优势的分工陷阱，被锁定在全球价值链的低端环节。

第二，国际垂直专业化水平对中国制造业分行业的价值链升级也具有显著阻碍作用。首先，国际垂直专业化水平对三种不同要素密集度的制造业价值链升级的影响都显著为负，进一步印证了国际垂直专业化对制造业价值链的升级具有一定的"锁定"作用；其次，国际垂直专业化对参与程度低和参与程度高的两类制造业分行业的价值链升级的影响都显著为负，而对参与程度中等的制造业价值链升级影响不显著。

第三，产业技术创新能力对制造业尤其是资本密集型制造业价值链的升级具有显著的促进作用，对参与程度低的制造业价值链升级的影响显著为正，而对参与程度中等和参与程度高的制造业的影响不显著。说明中国制造业企业的技术创新能力仍然薄弱，特别是对技术密集型企业来说，由于企业缺乏自主性技术创新能力，在技术上仍然要依附于跨国公司的技术支持，容易受跨国公司控制，不利于企业长期发展。

基于上述分析，本书认为中国在嵌入国际垂直专业化的过程中，要积极采取措施，培育自主创新能力，加大研发投入力度，突破价值链低端"锁定"效应，实现价值链升级。为提升产业增加值率，一方面，仍要积极嵌入国际垂直专业化体系中，利用垂直专业化分工的技术溢出效应提升技术创新能力，同时企业需要大量的资金和人才支持。中国制造业企业缺乏高层次的技术人员，研发资金也没有得到充分利用。中国制造业企业要加大技术创新投入，努力培养有效的技术投入产出机制。企业研发资金的来源可以是自身的资金积累，也可以是政府的专项拨款，虽然创新的风险较大，但是可以摆脱跨国公司的控制，而且也可以保证企业在产品研发层次上的技术学习。企业还可以通过与国外相关机构通过项目合作，专利加盟以及人才互借等方式引进人才，提高国内企业的研发能力，提高企业内部员工的学习能力和吸收能力，形成有效的创新机制。

另一方面，企业也要注意核心技术的自主研发，只有真正掌握核心技术，才能占领价值链高端环节。通过自主研发，企业能够拥有自主知识产权，发展自己的品牌和产品，提高产品的技术含量。从国内角度来说，企业要加强内部管理，通过生产过程重组提高生产效率，企业可以与高校、科研院所建立产学研合作机制，及时将科技成果进行转化，对于核心技术企业要坚持自主研发，对于非核心的零部件可以通过外包或采购获得，从而提高企业的规模经济和生产效率。从国外角度来看，企业要注意与国外企业的技术合作，积极开展对外投资活动，进行全球资源配置，吸引国外优秀的科研人才加盟企业，提高技术创新能力。

第七章
主要结论与对策建议

本书以国际垂直专业化理论为基础,第一,分析了中国制造业发展的现状和存在的问题,以及中国制造业在国际垂直专业化中的地位等问题以回答"中国制造业为什么要升级"的现实问题;第二,通过理论分析国际垂直专业化下中国制造业升级的内在机理,以回答中国制造业参与国际垂直专业化过程中如何实现产业升级;第三,对国际垂直专业化的技术溢出机制及对制造业技术创新能力的影响进行了实证检验;第四,对国际垂直专业化和技术创新对制造业升级的影响进行了实证检验;第五,提出了国际垂直专业化下,中国制造业升级的对策建议。

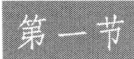

主要结论

经过对中国制造业发展现状、参与国际垂直专业化的地位、国际垂直专业化下技术创新与制造业升级的理论与实证分析,我们得出了以下几个主要结论:

(一)中国制造业在产业规模和结构、对外贸易额、进出口商品结构、产业国际竞争力方面都取得了较大的成就,但仍然存在着许多尚未解决的关键性问题

例如产业规模大但效率低,产业结构不合理,产品结构仍处于低端水平,

技术创新能力薄弱,产业国际竞争力较弱,利用外资质量不高,对外投资发展滞后,地区发展不平衡,某些产业重复建设严重,体制机制不完善等。

(二)中国制造业参与国际垂直专业化程度有所增加,但还有较大提升空间

中国制造业参与国际垂直专业化的动因主要有:跨国公司战略调整、亚洲"四小龙"的示范效应、中国制造业发展瓶颈。中国制造业参与国际垂直专业化的程度虽然高于大多数新兴经济体和发展中经济体,但低于除美国和日本以外的其他发达经济体。中国制造业参与国际垂直专业化程度有所增加,表明了中国制造业对进口中间投入的依赖增加,参与国际分工的程度不断加深,但近些年变化并不是很大,还有较大的提升空间。其中,高技术制造业的国际垂直专业化水平较高,低技术制造业的国际垂直专业化水平较低。中国高技术制造业国际垂直专业化水平的迅速增长,在一定程度上解释了近年来中国高技术制造业贸易规模的迅猛增长。而低技术制造业多是一些资源和劳动密集型的产业,垂直专业化水平低,产品出口的国外附加值含量少,出口价值基本都是由本国制造。

(三)在国际垂直专业化中,跨国公司的各种先进技术知识通过一定的机制和途径向发展中国家的企业扩散

国内制造业企业通过吸收先进技术和知识,并将其与研发生产过程相融合,逐渐形成自己的竞争优势,促进了技术进步与产业升级。通过实证分析国际垂直专业化对中国制造业技术创新能力的影响,结果表明国际垂直专业化具有正向技术溢出效应,对中国制造业技术创新能力具有促进作用,但对不同行业的影响存在差异。

第一,从创新投入角度来说,国际垂直专业化对制造业总体的创新投入具有挤出效应。按要素密集度分类情况下,国际垂直专业化对资本密集型制造业的创新投入具有显著的促进作用,对劳动密集型制造业 R&D 投入具有显著促进作用,但是对其 R&D 人员投入具有显著的阻碍作用,国际垂直专业化对技术密集型制造业的创新投入具有显著的阻碍作用。按参与国际垂直专业化的程度分类情况下,国际垂直专业化显著促进了参与国际垂直专业化程度低的制造业行业 R&D 资本投入和 R&D 人员投入,对参与垂直专业化程度中等的制造业行业的 R&D 资本投入不显著,对参与垂直专业化程度高的制造业行业的 R&D

资本和 R&D 人员投入都具有显著的负面作用。

第二，从创新产出角度来说，国际垂直专业化对制造业总体具有显著的促进作用，但是对制造业分行业的技术创新能力的影响差异较大。国际垂直专业化对劳动密集型制造业和技术密集型制造业的技术创新能力的影响不显著，而对资本密集型制造业的技术创新能力具有显著的促进作用。

第三，从企业吸收能力角度来说，制造业企业的吸收能力显著影响国际垂直专业化的效果，企业的 R&D 投入强度和人力资本都显著地影响了技术溢出的效果，对技术创新具有正向促进作用。其中，劳动密集型和资本密集型企业的 R&D 投入对国际垂直专业化的技术溢出效应具有显著的促进作用，而技术密集型制造业企业的 R&D 投入对国际垂直专业化的技术溢出效应不显著；劳动密集型和资本密集型企业的人力资本对国际垂直专业化的技术溢出效应具有显著的促进作用，而技术密集型制造业企业的人力资本对国际垂直专业化的技术溢出效应具有显著阻碍作用。

(四) 国际垂直专业化对中国制造业总体和分行业的升级具有阻碍作用

本书建立了国际垂直专业化、技术创新对中国制造业升级影响的计量模型，通过该模型检验，本书认为中国制造业参与国际垂直专业化，确实会使制造业陷入分工陷阱，"锁定"在价值链的低附加值环节，但是技术创新对制造业升级具有显著的促进作用，我们应该积极促进制造业技术创新能力的提升，在一定程度有利于制造业企业突破价值链的低端锁定。

(五) 在制造业价值链升级过程中，拥有核心技术是关键

核心技术一方面可以通过企业长期技术积累，加上企业不断地研发投入实现，另一方面可以依靠企业依赖自身所具有的能力和资源进行的创新活动而实现。因此，一方面我们仍要积极融入国际垂直专业化体系中，提升制造业的技术创新能力，逐步提升制造业价值链地位；另一方面要特别注意制造业自主创新能力的培养，减少企业对跨国公司技术的依赖，另外政府也要发挥对制造业升级的宏观指导作用。

第二节 促进中国制造业升级的对策建议

随着中国制造业深入嵌入国际垂直专业化体系中，制造业得到了飞速发展，制造业总产值和进出口总额均位居世界前列，并获得了"制造大国"的称号。但是中国制造业虽然规模大，但实力并不强，特别是在技术创新方面与跨国公司存在较大差距，易受跨国公司牵制，被"俘获"在价值链的低端环节，而不利于产业升级。

中国制造业升级是一个系统复杂的问题，本文主要是在国际垂直专业化背景下，从技术创新视角研究制造业升级问题，相应地，也主要是从技术创新的角度出发提出关于中国制造业升级的对策建议。主要包括两个方面，一是基于企业层面，制造业企业仍要积极融入国际垂直专业化体系中，提升制造业的技术创新能力，逐步提升制造业价值链地位。同时，制造业企业要特别注意制造业自主创新能力的培养，减少企业对跨国公司技术的依赖。二是基于政府层面，中央和地方各级政府部门应该积极发挥宏观指导作用。具体来说，可以从以下几个方面着手，合理利用国际垂直专业化，提高制造业技术创新能力，从而促进中国制造业升级。

一、积极融入国际垂直专业化体系中，获取分工利益

（一）利用要素禀赋优势，积极融入高技术产业的国际垂直专业化中

中国制造业拥有丰富的劳动力资源、熟练的加工制造能力以及广阔的市场等比较优势，借此我国的制造业企业可以融入到跨国公司主导的国际垂直专业化体系中，一方面通过吸收国际垂直专业化的技术溢出，提升制造业的技术创新能力；另一方面制造业企业可以进行专业化生产，提高生产率，创造一定的利润空间。从实践上来看，亚洲"四小龙"正是通过积极融入国际垂直专业化体系中，获得了从事高技术产业所必须的技术和资本积累，从而实现了产业升级。当前，随着跨国公司国际外包的范围不断扩大，发展中国家获得了参与

跨国公司国际垂直专业化的良好契机，因此，在当前条件下我国也要积极主动的融入跨国公司主导的国际垂直专业化体系中，依靠规模化生产降低成本，提高生产效率。长期来看，要利用国际垂直专业化特有的技术溢出机制提升中国制造业的技术能力，并利用企业自身的R&D投入提升制造业的技术创新能力，为产业升级奠定基础。

该对策也可以用于指导我国战略性新兴产业的发展。发展战略性新兴产业是中国在金融危机后，提出的促进产业结构调整，促进经济增长，抢占新一轮经济制高点的战略措施。战略性新兴产业的发展要求必须掌握自主性核心技术，而自主性技术创新能力的提升是一个长期复杂的过程，不仅需要一定的技术积累，而且需要企业和国家的大量研发投入，在这种情况下，我国可以利用劳动力和资源丰裕的优势嵌入某些新兴产业领域，积累新兴产业发展所需的资本和技术知识。目前，虽然国家和各地区有关部门都在积极发展战略性新兴产业，但是在我国科技水平较低和高端人才缺乏的现实约束下，导致目前并在今后相当长的一段时间里都要依赖于发达国家的技术引进。相对于高额的技术引进费用，通过嵌入新兴产业的国际垂直专业化分工中，通过技术溢出而获得技术知识，不仅节约了成本，而且有利于我国迅速进入新兴产业，为发展本国的新兴产业提供资金和技术积累。

（二）利用国际垂直专业化的技术溢出效应，提升模仿性技术创新能力

通过嵌入跨国公司的国际垂直专业化体系，利用跨国公司的FDI和中间进出口渠道的技术溢出机制，中国制造业对跨国公司的先进技术知识和管理经验进行学习和模仿，从而提升技术创新能力，由于该创新能力的提升是依靠外源的技术转移和技术外溢，所以通常被称为模仿性技术创新能力，而如果依靠的是企业自主研发实现的技术进步，则称为自主性技术创新能力。企业自主性技术创新能力的提升一般是在模仿性技术创新能力提升的基础上，企业只有具备一定的研发资本和技术能力，才有可能进行自主性技术创新活动。

虽然发展中国家在参与国际垂直专业化的过程中会受到跨国公司的技术封锁和价值链低端锁定，但是在经济全球化的趋势下，我们不能关起门来搞经济建设，仍然要继续深入参与国际垂直专业化。对于后起的发展中国家和地区，通过积极嵌入跨国公司主导的国际垂直专业化体系，可以在分工和合作过程中获取相关利益。尽管发展中国家和地区最初是以比较优势为基础嵌入到产品内

国际分工的低附加值制造环节，但是在生产中通过与领导企业的沟通合作，有利于企业积累创新资本和技术。并且由于国际垂直专业化分工是在不断发生变化的，企业的低端锁定状态也只是暂时的，随着参与企业市场实力的变化，其在国际垂直专业化中的地位也会发生相应改变。企业在国际垂直专业化中可以获得和接触到更多的技术和先进的经营管理理念的机会，并且随着跨国公司对产品生产技术的不断改进，发展中国家的企业也会因此不断获得更新的技术。所以，对于后起的发展中国家和地区的企业来说，嵌入国际垂直专业化是提高技术创新能力和实现产业升级的一条捷径。

（三）加大研发投入，提高吸收能力

国际垂直专业化有利于参与分工的国内代工企业获得技术溢出效应，但是企业是否能够真正掌握技术，并将其用于自己的生产过程中，提高生产效率和技术创新能力，在很大程度上要取决于企业的吸收能力。而企业吸收能力的强弱主要是由企业的研发投入决定的，包括研发资本投入和研发人员投入。一方面，企业在学习模仿跨国公司的技术时，需要大量的高科技人才对相关技术知识进行理解和运用，通过对技术的模仿，并结合企业现有的技术和生产条件进行二次创新，进而提升企业的技术创新能力。在后续的生产阶段，企业仍然需要加大研发投入，不断进行技术创新，从而提升在价值链中的地位。在这个过程中企业要加强与领导企业的沟通与合作，通过人员交流、参观、培训等方式获取先进技术和管理知识；另一方面，企业也要在利用技术进行生产的过程中，根据市场需求改变企业现有的生产条件，不断加大研发投入，对产品进行工艺创新和功能创新，个别有条件的企业可以尝试进行自主研发，以掌握相关领域的核心技术，占领行业竞争的制高点。

（四）积极培育科研人才

科研人才是企业吸收能力的一个重要体现，也是技术创新的重要要素之一，企业是否拥有一批高质量和多层次的科研人才，将直接影响企业的吸收能力，进而影响技术创新能力。因此，企业要加大科研人才的培育。第一，企业可以通过建立良好的科研环境和优厚的待遇吸引国外企业、科研机构和高校的人才加入企业，能够为企业带来国际先进的技术和管理经验，丰富企业的人才储备，提高技术水平；第二，企业可以与国内的高校或科研机构进行合作，定向或联合培养一批优秀的科技人才扩充自己的科研团队；第三，对企业已有的科研人员定期进行培训，可以采取与国外相关企业的合作培训或专门聘请高科技团队进行相关技能培训等多种方式。

二、培养自主创新能力，提升核心竞争力

中国制造业嵌入跨国公司的国际垂直专业化体系中，虽然提升了技术创新能力，但是容易被锁定在价值链的低端环节，难以实现价值链升级。因此，中国制造业必须要突破这种低端锁定，实现产业升级。在产业升级的过程中，拥有自主知识产权的技术是企业突破封锁的关键，因此自主性技术创新模式是最终能否实现制造业升级的关键。

与模仿性技术创新模式相比，自主性技术创新模式的优势在于：第一，自主创新有利于创新企业在一定时期内掌握和控制某个生产领域或某项产品的核心技术，占据产品的高端核心环节，从而赢得竞争优势；第二，自主创新企业在技术上的突破可以带动一系列的创新，推动产业关联，推动相关产业的发展和新兴产业的建立；第三，有利于创新企业积累生产技术和管理经验，降低生产成本，提高经营管理效率，建立原料供应网络和销售渠道，构建产品的国际分工链，形成本国产业在国际竞争上的优势地位；第四，自主创新企业可以集中优势资源和人力资本进行产品研发和销售环节的生产，而将组装加工环节分包给其他低成本的国家和地区，从而提高生产率，获得专业化生产的高额利润。但是，作为一种要求较高技术突破能力的创新模式，自主创新模式面临许多因素制约：第一，自主创新对研发资本投入和研发人员都要求较高，企业必须具备一流的研发水平。但是在目前，我国大多数企业仍然处于资本匮乏，缺少高技术人才，所以难以达到自主创新对投入要素的要求；第二，一般来说，自主创新的风险性比较高，一是自主研发的成功率较低，企业要注意研发项目的分散性，以降低因研发失败给企业带来的损失；二是在一些知识产权保护力度较弱的行业，企业的创新成果容易被行业内的其他企业模仿，导致技术外溢，给创新企业带来利润损失，影响创新积极性；第三，市场开拓成本极大，许多自主创新产业都是新兴产业，市场还没有完全形成，需要企业进行市场开发和培育，在这个过程中，也要面临被模仿者无偿占有的投入损失；第四，自主创新企业在国际竞争中难免会受到跨国公司的打压。主要表现为跨国公司利用已有的营销渠道和市场份额挤压自主创新企业；第五，自主创新企业的品牌

市场认知度较低,缺乏国际竞争力。

制造业企业实现自主创新的途径主要有以下几个方面。一是通过技术积累和能力演进,突破关键零部件的限制,实现产业升级。例如,海尔、格兰仕都是通过实施主动跟随战略,模仿进口商品和跨国公司在华生产的产品,在吸收先进技术的同时进行创新性研发,从而实现企业转型升级;二是加大 R&D 资本投入,不断提高 R&D 在我国国民经济中的比重。不仅政府财政要进一步扩大 R&D 支出预算,而且要构建以企业为中心的技术创新体系,发挥企业的主导作用;三是实施自主品牌战略,名牌产品具有较高的附加价值,受到消费者的信赖,拥有良好品牌的企业可以通过品牌延伸、品牌联盟、品牌特许经营和品牌授权等方式实现价值成倍增长。实施品牌战略,以品牌企业为龙头,对整个行业具有示范效应,能够提高产品附加值和科技含量;四是发展创意产业,创意产业是生产性服务业中的高端部分,通过创意产业能够提高产品研发设计能力,不仅能够提高产品附加值,而且可以提升企业甚至关联产业的技术创新能力。

三、政府要发挥对制造业升级的宏观指导作用

(一) 鼓励企业培育自主品牌建设

目前,中国制造业企业大多数从事的加工贸易,拥有自主品牌的企业较少,并且即使有自主品牌,也缺乏国际市场的认知度和竞争力,因此为了促进制造业的升级和拥有竞争优势,必须注重自主品牌的建设。要积极鼓励企业开拓国际市场,初始阶段,可以采取与国外相关领域企业合作,利用国外企业的已有渠道进行品牌推广,同时进行模仿学习,在拥有一定的市场份额和获得消费者认可后,再进行营销渠道的建设和拓展。当然,在与国外企业进行合作的过程中,要注意知识产权的保护,防止技术泄露或被窃取。

(二) 对不同的制造业产业实施差异化策略

政府应当针对不同制造业产业和企业的性质,根据市场需求,实施差异化产业发展策略。对于市场需求处于上升的产业,应该加大自主研发投入力度,努力掌握核心技术;对于市场需求较稳定的产业,应当加大学习模仿和吸收力度,努力实现技术追赶和跨越;对于市场需求趋于萎缩的产业,应当实施进入

规制,加大进入壁垒,从而引导企业实现资源转移。对具有一定竞争优势的大型企业或企业集团来说,应努力成为国际垂直专业化的领导企业,即企业应通过全球原材料采购、产品出口销售、海外扩张投资、与外国企业合资合作等方式,成为全球化设计、制造、销售和管理的跨国公司,建立垂直专业化分工链,应主动与跨国公司的研发机构合作,增强技术的吸收转化能力,以弥补自身创新能力的不足;具有一定发展潜力的中小型企业,可以成为国内的大企业的配套生产或服务提供者,并且要积极与跨国企业合资合作,力争通过向跨国公司提供优质优价的原材料、半成品等,加入跨国公司垂直专业化体系。

(三) 提高行业协会的作用

我国应当提高制造业行业协会的作用,一方面,可以积极应对国际贸易纠纷,保障中国制造业企业的正当利益,增加分工和贸易利益;另一方面,促进行业协会在整合企业技术和管理等资源的公共服务职能。例如,对产业集群内的市场、技术和流通信息进行收集和整理,为企业提供国内外市场竞争状况、技术研发成果等方面的信息等。

(四) 培育产业集群创新体系

产业集群能够促进技术和知识的扩散,在产业集群内通过竞争合作实现技术创新能力的提升,要完善产业共性技术创新平台,产业共性技术创新平台的主要功能是形成技术、信息和知识的开发、转移、应用和扩散能力,为产业集群技术创新提供支撑条件和公共服务。

(五) 培育国家创新体系

企业的发展离不开国家政策环境,企业技术创新能力的提升也需要国家和区域创新政策的大力支持。国家创新体系是指一国境内不同的企业、大学、科研机构和政府机构之间围绕科学技术发展和商业应用所形成的一种相互作用的网络机制。在国家创新体系中,政府的作用不容忽视,而政策工具是政府干预的重要手段之一。第一,财政政策。在创新活动中,政府主要是通过财政直接投入研发所需资金和利用税收优惠政策间接投入研发资金两种方式支持研发活动。第二,金融政策。政府要着重解决创新的风险分担和新建科技企业的融资问题。通过金融体制改革的不断深化,制定一些鼓励风险投资的政策,完善风险投资机制。例如，以优惠措施吸引国内外风险投资，培养从事风险投资的专业人员等。另外，还要为企业研发活动提供融资服务，建立适合的贷款条件和审批程序，建立信用保证制度和创新基金，加强政策法规建设，创造公平竞争和鼓励创新的稳定的金融环境。第三，政府采购政策。政府采购能够通过需求刺激企业创新，有效降低创新企业进入市场的风险。第四，知识产权保护政策。知识产权保护政策是否完善、严格，直接影响企业的创新活动，因此要通过专利保护推动企业的技术创新活动，对企业采用的专利技术给予一定的优惠政策。例如，保证创新企业与追随企业之间合理分配的定价制度、税收制度和政府补贴制度等。第五，促进中小企业发展政策。中小企业是创新主体，一般比大企业有更强的创新能力。中小企业往往是新兴产业的重要实验者，因此国家应从政策上给予一定的支持，包括投融资政策、技术政策等。第六，促进中介服务体系发展的政策。国家创新体系的建设需要良好的服务体系的支撑，可以在促进技术创新中介服务活动的社会化和产业化方面进行努力，也可以大力发展民营服务体系，为中小企业使用创新咨询服务提供财政支持，加强创新咨询服务的基础设施与工具建设。

(六) 完善体制机制建设

是否具有良好公平的体制机制关系着制造业能否实现升级，一方面，要建立共赢、友好、宽松的制度环境，在培育完善的市场机制、宽松优惠的税收政策、知识产权保护力度、基础设施建设、政府公共服务的质量和办事效率等方面努力完善引进外商直接投资的政策体制建设；另一方面，在积极引进外资的同时，也要注重对国内企业实施创新优惠政策，依靠国家力量培育企业的竞争力。

综上所述，在国际垂直专业化背景下，中国制造业一方面要抓住产品内国际分工的契机，积极融入跨国公司主导的国际垂直专业化体系中，获得分工利润，提升技术创新能力；另一方面也要注意培养产业自主创新能力，争取在某些关键领域，尤其是战略性新兴产业中，拥有一些自主知识产权的核心技术，鼓励一些国内有实力的跨国企业通过构建自己的国际垂直专业化体系，在新一轮国际竞争中拥有竞争优势。

第三节 研究展望

本书从国际垂直专业化的视角研究制造业升级,基于国际垂直专业化理论,从全球价值链角度提出中国制造业升级的路径,从理论上分析了国际垂直专业化对制造业技术创新的作用机制以及国际垂直专业化对制造业升级的作用机制,并对国际垂直专业化分工对制造业技术创新的影响以及国际垂直专业化和技术创新对制造业升级的影响进行了实证检验,最后针对中国制造业如何升级提出了一些政策建议。

尽管进行了有意义的探索,也得出了一些相关的结论和建议,但是由于客观条件的限制和作者能力有限,在研究方法上仍存在一些局限,并且关于制造业升级的许多问题也没有进行研究,在将来的研究中需要做的还有很多。总的来说,未来的研究主要可以从以下三个方向进行:

(一)未来,从产品层面上进行国内附加值的研究仍然是一个需要深入和有挑战的研究领域

国际垂直专业化下对制造业升级的评价目前还没有一个公认的较科学的衡量指标,但可以肯定的是,采用产品层面的出口国内附加值指标是较为准确的,而计算国内附加值指标所依据的投入产出表目前存在许多缺陷,我国的投入产出表是竞争型的,而且只有三年的数据,而 OECD 和 WIOD 的投入产出表虽然是非竞争型的,但 OECD 也只有 3 年的投入产出表,而 WIOD 是产业层面的相关投入产出数据。在未来的研究中,对于中国制造业在全球价值链位置改善的测度也可以采用产品层面的出口国内附加值指标,但囿于目前数据限制,未来会继续深入研究。

(二)多角度研究制造业升级的路径选择

本书仅从技术创新角度提出了制造业升级的路径选择,然而制造业升级是一个系统复杂的问题,也是一个长期的问题,所以在未来,我们要将研究视野

扩大，从不同的角度，例如制度创新和构建国内价值链等方面研究如何促进制造业升级。另外，国际分工是一个不断发展变化的过程，每个国家参与国际分工的形式和程度也在变化，这与国家的经济和产业发展都有密切的关系，对于制造业如何在国际垂直专业化中突破低端锁定，实现动态优化升级，是一个较复杂的需花长时间解决的问题。尽管我们提出从技术创新特别是自主创新角度促进企业核心技术的研发，从而占据产品的核心竞争力，成为价值链的领导者，但是显然，仅仅依靠技术创新是不够的，况且技术创新能力的提升本身就是一个长期而且复杂的问题，需要多方面的共同努力，并且也需要长时间的积累，所以在未来，我们仍有必要对该问题进行详细深入的探索，以更加全面和细致地分析中国制造业升级的问题。

（三）发达国家的产业升级经验教训对中国制造业升级的实践指导

在未来，我们要通过对发达国家的技术创新和产业升级的研究，总结经验教训，用以指导我国的制造业升级。另外，关于制造业升级的研究仅仅停留在产业层面显然不全面，在未来对于企业层面的研究应更加深入。未来的研究中还要针对中国特殊国情（例如：不同类型的企业、不同地区等），深入分析国际垂直专业化对中国技术创新的作用机制。

总而言之，本书在国际垂直专业化体系中研究技术创新和中国制造业升级还处于起步阶段，我们对该问题的研究目的是对参与国际垂直专业化会给中国制造业技术创新和产业升级产生的影响进行分析，为今后的研究奠定基础。希望在以后的研究中，通过与各位同仁的共同努力对该问题能有进一步深入细致的了解。

参考文献

[1] 白嘉,张会新.垂直专业化分工的技术溢出效应研究——基于行业和地区面板数据的经验证据[J].中国软科学.2013,8:176-192

[2] 陈玲,夜澜.中国高技术产业在国际分工中的地位及产业升级:以集成电路产业为例[J].中国软科学.2010,6:36-46

[3] 陈继勇,雷欣,黄开琢.知识溢出、自主创新能力与外商直接投资[J].管理世界(月刊).2010,7:30-42

[4] 陈诗一.中国工业分行业统计数据估算:1980—2008[J].经济学(季刊).2011,3:735-776

[5] 陈艳莹,鲍宗客.干中学与中国制造业的市场结构:内生性沉没成本的视角[J].中国工业经济.2012,8:43-55

[6] 陈羽,邝国良."产业升级"的理论内核及研究思路述评[J].改革.2009,10:85-89

[7] 杜宇玮,周长富.锁定效应与中国代工产业升级——基于制造业分行业面板数据的经验研究[J].财贸经济.2012,12:78-86

[8] 冯梅.上海制造业比较优势演化与转型升级的路径研究[J].上海经济研究.2013,5:112-120

[9] 高敬峰.国外产品内分工理论研究综述[J].经济纵横.2007,4:85-87

[10] 高越,高峰.垂直专业化分工及我国的分工地位[J].国际贸易问题.2005,3:16-20

[11] 高越,李荣林.国际生产分割、技术进步与产业结构升级[J].世界经济研究.2011,12:78-83,86

[12] 高越,李荣林.分割生产与产业内贸易:一个基于DS垄断竞争的模

型［J］．世界经济．2008，5：13－23

［13］高觉民，李晓慧．生产性服务业与制造业互动机理：理论与实证［J］．中国工业经济．2011，6：151－160

［14］郭炳南，魏润卿．国际垂直专业化分工与中国工业行业技术进步——基于 DEA 方法的面板数据分析［J］．经济问题探索．2011，11：25－32

［15］胡昭玲．国际垂直专业化对中国工业竞争力的影响分析［J］．财经研究．2007，4：18－27，73

［16］胡昭玲．国际垂直专业化分工与贸易：研究综述［J］．南开经济研究．2006，5：12－26

［17］胡昭玲．国际垂直专业化与贸易理论的相关拓展［J］．经济评论．2007，2：135－139

［18］胡昭玲，张咏华．中国制造业国际垂直专业化分工链条分析——基于非竞争型投入产出表的测算［J］．财经科学．2012，9：42－50

［19］胡昭玲．产品内国际分工对中国工业生产率的影响分析［J］．中国工业经济．2007，6：30－37

［20］洪联英，刘解龙．我国垂直专业化发展进程评估及其产业分布特征——基于投入产出法的国际比较分析［J］．中国工业经济．2009，6：67－76

［21］黄晶．垂直专业化下视角的技术创新研究［J］．科学学与科学技术管理．2008，9：75－80

［22］黄先海，陈晓华，刘慧．产业出口复杂度的测度及其动态演进机理分析——基于52个经济体1993—2006年金属制品出口的实证检验［J］．管理世界．2010，3：44－55

［23］黄先海，韦畅．中国制造业出口垂直专业化程度的测度与分析［J］．管理世界．2007，4：158－159

［24］江小涓．我国出口商品结构的决定因素和变化趋势［J］．经济研究．2007，42（5）：4－16

［25］金培．全球竞争新格局与中国产业发展趋势［J］．中国工业经济．2012，5：5－17

［26］鞠建东，林毅夫，王勇．要素禀赋、专业化、贸易的理论与实证——与杨小凯、张永生商榷［J］．经济学季刊．2004，4：27－54

［27］李金华，李苍舒．我国制造业升级的路径与行动框架［J］．经济经

纬. 2010, 3: 32 - 36

[28] 李坤望, 黄玖立. 中国贸易开放度的经验分析: 以制造业为例 [J]. 世界经济. 2006, 8: 11 - 22, 96

[29] 李平, 田朔. 出口贸易对技术创新影响的研究: 水平溢出与垂直溢出——基于动态面板数据模型的实证分析 [J]. 世界经济研究. 2010, 2: 44 - 48

[30] 李小平, 卢现祥, 朱钟棣. 国际贸易、技术进步和中国工业行业的生产率增长 [J]. 经济学 (季刊). 2008, 2: 549 - 564

[31] 李光泗, 沈坤荣. 技术进步路径演变与技术创新动力机制研究 [J]. 产业经济研究. 2011, 6: 71 - 78

[32] 李晨. 我国加工贸易转型升级的路径选择 [J]. 产业经济研究. 2010, 4: 82 - 90

[33] 赖俊平, 张涛, 罗长远. 动态干中学、产业升级与产业结构演进 [J]. 产业经济研究. 2011, 3: 1 - 9

[34] 连有, 孙文, 孙秋碧. 两阶段投入产出分析相关系数修订的方法研究 [J]. 商业时代. 2011, 11: 18 - 19

[35] 梁超. 垂直专业化、人力资本与我国的技术创新能力——基于工业行业动态面板的实证研究 [J]. 产业经济研究. 2013, 4: 28 - 46

[36] 刘海云, 唐玲. 国际外包的生产率效应及行业差异——基于中国工业行业的经验研究 [J]. 中国工业经济. 2009, 8: 78 - 87

[37] 刘明宇, 芮明杰. 价值网络重构、分工演进与产业结构优化 [J]. 中国工业经济. 2012, 5: 148 - 160

[38] 刘庆林, 高越, 韩军伟. 国际生产分割的生产率效应 [J]. 经济研究. 2010, 2: 32 - 43

[39] 刘伟丽, 陈勇. 中国制造业的产业质量阶梯研究 [J]. 中国工业经济. 2012, 11: 58 - 70

[40] 刘维林. 产品架构与功能架构的双重嵌入——本土制造业突破GVC低端锁定的攀升途径 [J]. 中国工业经济. 2012, 1: 152 - 160

[41] 刘志彪. 从后发到先发: 关于实施创新驱动战略的理论思考 [J]. 产业经济研究. 2011, 4: 1 - 7

[42] 刘志彪. 发展现代生产者服务业与调整优化制造业结构 [J]. 南京大学学报 (哲学. 人文科学. 社会科学版). 2006, 5: 36 - 44

[43] 刘志彪. 全球化背景下中国制造业升级的路径与品牌战略 [J]. 财经问题研究. 2005, 5: 25-31

[44] 刘志彪. 中国贸易量增长与本土产业的升级——基于全球价值链的治理视角 [J]. 学术月刊. 2007, 2: 80-86

[45] 刘志彪, 刘晓昶. 垂直专业化: 经济全球化中的贸易和生产模式 [J]. 经济理论与经济管理. 2001, 10: 5-10

[46] 刘志彪, 张杰. 从融入全球价值链到构建国家价值链: 中国产业升级的战略思考 [J]. 学术月刊. 2009, 9: 59-68

[47] 刘志坚, 杨洋. 进口贸易技术溢出效应研究述评 [J]. 北方经济. 2013, 4: 7-10

[48] 刘丹鹭, 戴文婧. 外包功能的再认识: 知识转移、学习和其局限性 [J]. 产业经济研究. 2009, 1: 62-68

[49] 刘利民, 崔日明. 我国各行业国际产品内贸易发展水平 [J]. 国际经贸探索. 2011, 4: 9-14

[50] 刘遵义, 陈锡康, 杨翠红等. 非竞争型投入占用产出模型及其应用——中美贸易顺差透视 [J]. 中国社会科学. 2007, 5: 91-103, 206-207

[51] 刘戒骄. 生产分割与制造业国际分工——以苹果、波音和英特尔为案例的分析 [J]. 中国工业经济. 2011, 4: 148-157

[52] 刘明宇, 芮明杰, 姚凯. 生产性服务价值链嵌入与制造业升级的协同演进关系研究 [J]. 中国工业经济. 2010, 8: 66-75

[53] 刘洪钟, 齐震. 中国参与全球生产链的技术溢出效应分析 [J]. 中国工业经济. 2012, 1: 68-78

[54] 柳卸林, 何郁冰. 基础研究是中国产业核心技术创新的源泉 [J]. 中国软科学. 2011, 4: 104-117

[55] 卢翔, 李晓培. 产业升级: 基于技术创新的视角 [J]. 经济师. 2009, 6: 18-20

[56] 卢福财, 胡平波. 全球价值网络下中国企业低端锁定的博弈分析 [J]. 中国工业经济. 2008, 10: 23-32

[57] 毛日昇. 出口、外商直接投资与中国制造业就业 [J]. 经济研究. 2009, 11: 105-117

[58] 牛卫平. 国际外包陷阱产生机理及其跨越研究 [J]. 中国工业经济.

2012，5：109 - 121

[59] 潘悦．在全球化产业链条中加速升级换代——我国加工贸易的产业升级状况分析［J］．中国工业经济．2002，6：27 - 36

[60] 彭新敏．全球价值链中的知识转移与我国制造业升级路径［J］．国际商务．2007，3：58 - 63

[61] 齐俊妍．出口品技术含量和附加值视角：中国贸易比较优势与竞争力重新考察［J］．现代财经．2009，7：93 - 97

[62] 齐俊妍．基于产品技术含量和附加值分布的国际贸易结构分析方法研究［J］．现代财经．2006，8：64 - 68

[63] 邱斌，叶龙凤，孙少勤．参与全球生产网络对我国价值链提升影响的实证研究——基于出口复杂度的分析［J］．中国工业经济．2012，1：57 - 67．

[64] 尚涛，郑良海．国际代工生产中的技术转移、技术积累与产业链升级研究［J］．经济学家．2013，7：62 - 68

[65] 盛斌，马涛．中国工业部门垂直专业化与国内技术含量的关系研究［J］．世界经济研究．2008，8：61 - 67

[66] 孙景蔚，李淑锦．全球垂直专业化分工对我国的产业升级效应分析［J］．生产力研究．2008，22：123 - 126

[67] 孙文远，魏昊．产品内国际分工的动因与发展效应分析［J］．管理世界．2007，2：162 - 163

[68] 石奇，任晓峰，卢靖．附加价值来源转化：文献评述与机理分析［J］．产业经济研究．2010，6：88 - 94

[69] 陶锋．吸收能力、价值链类型与创新绩效——基于国际代工联盟知识溢出的视角［J］．中国工业经济．2011，1：140 - 150

[70] 覃毅，张世贤．FDI 对中国工业企业效率影响的路径［J］．中国工业经济．2011，11：68 - 78

[71] 唐海燕，张会清．产品内国际分工与发展中国家的价值链提升［J］．经济研究．2009，9：81 - 93

[72] 唐晓云．产业升级研究综述［J］．科技进步与对策．2012，4：156 - 160

[73] 唐翔．从"技术溢价"之争看中国出口导向型发展模式的可持续性［J］．世界经济．2009，10：34 - 45

[74] 王丹枫. 产业升级、资本深化下的异质性要素分配 [J]. 中国工业经济. 2011, 8: 68-78

[75] 王海杰. 全球价值链分工中我国产业升级问题研究述评 [J]. 经济纵横. 2013, 6: 113-116

[76] 王然, 燕波, 邓伟根. FDI 对我国工业自主创新能力的影响及机制 [J]. 中国工业经济. 2010, 11: 16-24

[77] 王红领, 李稻葵, 冯俊新. FDI 与自主研发: 基于行业数据的经验研究 [J]. 经济研究. 2006, 2: 44-55

[78] 王文涛, 付剑峰, 朱义. 企业创新、价值链扩张与制造业盈利能力——以中国医药制造业为例 [J]. 中国工业经济. 2012, 4: 50-62

[79] 王洋, 李小平, 张骋. 垂直专业化分工的技术溢出效应分析 [J]. 统计与决策. 2013, 18: 113-116

[80] 王中华. 中国参与国际垂直专业化分工程度的再度量——基于黑田法的研究 [J]. 贵州财经学院学报. 2013, 1: 48-54

[81] 王中华, 赵曙东. 中国工业参与国际垂直专业化分工的实证分析 [J]. 山西财经大学学报. 2009, 7: 37-43

[82] 王中华, 赵曙东, 王雅琳. 中国工业参与国际垂直专业化分工的技术进步效应分析 [J]. 中央财经大学学报. 2009, 9: 67-72

[83] 汪建成, 毛蕴诗. 从 OEM 到 ODM、OBM 的企业升级路径——基于海鸥卫浴与成霖股份的比较案例研究 [J]. 中国工业经济. 2007, 12: 110-116

[84] 文东伟, 冼国明. 中国制造业的垂直专业化与出口增长 [J]. 经济学 (季刊). 2010, 2: 467-494

[85] 文东伟, 冼国明. 垂直专业化与中国制造业贸易竞争力 [J]. 中国工业经济. 2009, 6: 77-87

[86] 文嫮, 张生丛. 价值链各环节市场结构对利润分布的影响——以晶体硅太阳能电池产业价值链为例 [J]. 中国工业经济. 2009, 5: 150-160

[87] 文嫮, 金雪琴. 价值链环节的衍生与再整合影响因素研究——以国产手机产业价值链为例 [J]. 中国工业经济. 2008, 6: 148-157

[88] 文嫮, 张生丛. 价值链各环节市场结构对利润分布的影响——以晶体硅太阳能电池产业价值链为例 [J]. 中国工业经济. 2009, 5: 150-160

[89] 吴添祖, 陈利华. 跨国并购获取核心技术——中国企业核心竞争力

的培育模式［J］．科学学与科学技术管理．2006，4：139-143

［90］肖文，殷宝庆．垂直专业化的技术进步效应——基于27个制造行业面板数据的实证分析［J］．科学学研究．2011，3：382-389

［91］谢建国．市场竞争、东道国引资政策与跨国公司的技术转移［J］．经济研究．2007，6：87-97，130

［92］徐毅，张二震．FDI、外包与技术创新：基于投入产出表数据的经验研究［J］．世界经济．2008，9：41-48

［93］徐毅，张二震．外包与生产率：基于工业行业数据的经验研究［J］．经济研究．2008，1：103-113

［94］许斌，韩高峰．配额、汇率和中国纺织品出口价格［J］．世界经济．2009，6：16-26

［95］许统生，陈瑾，薛智韵．中国制造业贸易成本的测度［J］．中国工业经济．2011，7：15-25

［96］薛光明，韩江波．模仿性技术创新、原发性技术创新与产业升级［J］．经济师．2009，2：46-47

［97］晏宗新，董瀛飞．集群效应、企业研发与产业升级——兼论广东的区域创新政策［J］．产业经济研究．2010，2：73-94

［98］杨以文，郑江淮，黄永春．国际代工制造业升级与技术创新——基于长三角微观调研数据的实证分析［J］．中南财经政法大学学报．2012，1：115-121，144

［99］姚博，魏玮．参与生产分割对中国工业价值链及收入的影响研究［J］．中国工业经济．2012，10：65-76

［100］姚福喜，吕江辉．企业技术创新能力的衡量［J］．经济问题．2008，4：12-21

［101］叶灵莉，赵林海．进口贸易结构与技术进步的实证研究［J］．科学学与科学技术管理．2008，8：134-139

［102］叶龙凤．垂直专业化分工对我国本土企业技术创新影响的实证研究［J］．华东经济管理．2011，1：66-70

［103］臧新，李菡．垂直专业化与产业集聚的互动关系——基于中国制造行业样本的实证研究［J］．中国工业经济．2011，8：57-67

［104］张芳．基于加工贸易非竞争型投入产出表的编制方法［J］．统计与

决策. 2011, 18: 23-27

[105] 张海燕. 基于附加值贸易测算法对中国出口地位的重新分析 [J]. 国际贸易问题. 2013, 10: 65-76

[106] 张宏, 陈东阳, 吕冠珠. 中国制造业全球价值链分工地位的衡量 [J]. 山东大学学报(哲学社会科学版). 2013, 5: 75-85

[107] 张华胜. 中国制造业技术创新能力分析 [J]. 中国软科学. 2006, 4: 15-23

[108] 张纪. 产品内国际分工的内在动因——理论模型与基于中国省际面板数据的实证研究 [J]. 数量经济技术经济研究. 2007, 12: 39-48

[109] 张明志. 国际外包对发展中国家产业升级影响的机理分析 [J]. 国际贸易问题. 2008, 1: 42-47

[110] 张明志, 李敏. 国际垂直专业化分工下的中国制造业产业升级及实证分析 [J]. 国际贸易问题. 2011, 1: 118-128

[111] 张其仔. 比较优势的演化与中国产业升级路径的选择 [J]. 中国工业经济. 2008, 9: 58-68

[112] 张宗和, 彭昌奇. 区域技术创新能力影响因素的实证分析 [J]. 中国工业经济. 2009, 11: 35-44

[113] 张少军, 刘志彪. 全球价值链模式的产业转移——动力、影响与对中国产业升级和区域协调发展的启示 [J]. 中国工业经济. 2009, 11: 5-15

[114] 张少军, 刘志彪. 国内价值链是否对接了全球价值链——基于联立方程模型的经验分析 [J]. 国际贸易问题. 2013, 2: 14-27

[115] 张少军, 刘志彪. 全球价值链模式的产业转移——动力、影响与对中国产业升级和区域协调发展的启示 [J]. 中国工业经济. 2009, 11: 5-15

[116] 张松林, 武鹏. 全球价值链的"空间逻辑"及其区域政策含义——基于制造组装环节与品牌营销环节空间分离的视角 [J]. 中国工业经济. 2012, 7: 109-121

[117] 张向阳, 朱有为. 基于全球价值链视角的产业升级研究 [J]. 外国经济与管理. 2005, 5: 21-27

[118] 张小蒂, 孙景蔚. 基于垂直专业化分工的中国产业国际竞争力分析 [J]. 世界经济. 2006, 5: 12-21

[119] 张耀辉. 产业创新: 新经济下的产业升级模式 [J]. 管理世界.

2002，1: 14-17

[120] 张咏华. 中国制造业在国际垂直专业化体系中的地位——基于价值增值角度的分析 [J]. 上海财经大学学报. 2012，14 (5): 61-68

[121] 张倩肖，冯根福. 三种 R&D 溢出与本地企业技术创新 [J]. 中国工业经济. 2007，11: 64-72

[122] 张为付. 中国"世界制造业中心"问题研究综述 [J]. 产业经济研究. 2006，1: 62-68

[123] 赵林海，李宏生. 垂直专业化与我国制造业产业升级 [J]. 内蒙古农业大学学报（社会科学版）. 2008，6: 106-108

[124] 赵文丁. 新型国际分工格局下中国制造业的比较优势 [J]. 中国工业经济. 2003，8: 32-37

[125] 周勤，周绍东. 产品内国际分工与产品建构陷阱：中国本土企业的困境与对策 [J]. 中国工业经济. 2009，8: 58-67

[126] 朱锐，吴金明. 再制造的行为模式：不完全竞争性与协同共生——基于产业组理论视角的分析 [J]. 中国工业经济. 2012，8: 69-81

[127] 朱卫平，陈林. 产业升级的内涵与模式研究——以广东产业升级为例 [J]. 经济学家. 2011，2: 60-66

[128] 朱有为，张向阳. 价值链模块化、国际分工与制造业升级 [J]. 国际贸易问题. 2005，9: 98-103

[129] 卓越，张珉. 全球价值链中的收益分配与"悲惨增长"——基于中国纺织服装业的分析 [J]. 中国工业经济. 2008，7: 131-140

[130] 祝树金，戢璇，傅晓岚. 出口品技术水平的决定性因素：来自跨国面板数据的证据 [J]. 世界经济. 2010，4: 28-46

[131] 庄惠明，王珍珍. 国际垂直专业化分工理论研究述评 [J]. 福建师范大学学报（哲学社会科学版）. 2007，6: 137-142

[132] 宗毅君. 国际产品内分工与进出口贸易——基于我国工业行业面板数据的经验研究 [J]. 国际贸易问题. 2008，2: 7-13

[133] 北京大学中国经济研究中心课题组. 中国出口贸易中的垂直专门化与中美贸易 [J]. 世界经济. 2006，5: 3-11

[134] 中国工程院咨询研究项目组. 中国制造业可持续发展战略研究 [M]. 北京：机械工业出版社. 2010: 14-15，27-36

[135] Antràs P. *Firms, Contracts and Trade Structure* [J]. Quarterly Journal of Economics, 2003, 118 (4): 1375 – 1418

[136] Antràs P., Helpman E. *Global Sourcing* [J]. Journal of Political Economy. 2004, 112 (3), 552 – 580

[137] Arndt S. W. *Globalization and The Open Economy* [J]. North American Journal of Economics & Finance, 1997, 8 (1): 71 – 79

[138] Arndt S. W., Kierzkowski Henryk. *Fragmentation: New Production Patterns in The World Economy* [M]. Oxford and New York: Oxford University Press, 2001

[139] Arndt S. W. *Trade Integration and Production Networks in Asia: The Role of China* [J]. Claremont McKenna College Working Paper, 2004

[140] Balassa B. *Trade Liberalization among Industrial Countries* [M]. New York: McGraw – Hill, 1967

[141] Chen Y., Ishikawa J., Yu Z. *Trade Liberalization and Strategic Outsourcing* [J]. Journal of International Economics, 2004, 63 (2): 419 – 436

[142] Deardorff A. *Determinants of Bilateral Trade: Does Gravity Work in a Neoclassical World? In The Regionalization of The World Economy* [J]. University of Chicago Press. 1998, 7 – 32

[143] Deardorff A. V.. *Fragmentation in Simple Trade Models* [J]. The North American Journal of Economics and Finance, 2001. 12 (2): 121 – 137

[144] Dixit A. K. and Grossman G. M.. *Trade and Protection with Multistage Production* [J]. The Review of Economic Studies, 1982. 49 (4): 583 – 594

[145] Dean J., Fung K. C., Wang Z.. *Measuring the Vertical Specialization in Chinese Trade* [J]. Office of Economics Working Paper, 2007, No. 2007 – 01 – A.

[146] Dedrick J. et al. *Who Profits from Innovation in Global Value Chains? A Study of the iPod and Notebook PCs* [J]. Industrial and Corporate Change, 2010, 19 (1): 81 – 116

[147] Eaton J., Kortum S. *Engines of growth: Domestic and Foreign Sources of Innovation* [J]. Japan and the World Economy, 1997, 9 (2): 235 – 259.

[148] Ethier W. *Internationally Decreasing Costs and World Trade* [J]. Journal of International Economics, 1979, 9 (1): 1 – 24

[149] Ernst D., Kim L. *Global Production Networks, Knowledge Diffusion, and Local Capability Formation* [J]. Research Policy, 2002, 31 (8–9): 1417–1429

[150] Falvey R. E. *Commercial Policy and Intra-Industry Trade* [J]. Journal of International Economics, 1981, 11 (4): 495–511

[151] Falvey R. E., *Kierzkowski H. Product Quality, Intra-Industry Trade and Imperfect Competition* [C]. Edited by kierz kowski H., Protectioned Competition in International Trade: Essays in Honor of W. M. Corden, Oxford: Basil Blackwell, 1987

[152] Feenstra R. C., Hanson G. H.. *Foreign Direct Investment and Relative Wages: Evidence from Mexico's Maquiladoras* [J]. Journal of International Economics, 1997, 42 (3–4): 371–393

[153] Feenstra R. C., Hanson G. H. *Ownership and Control in Outsourcing to China: Estimating the Property-Rights Theory of the Firm* [J]. The Quarterly Journal of Economics, 2005, 120 (2): 729–761

[154] Feenstra R. C., Chang Hong. *China's Exports and Employment* [J]. NBER Working Paper, 2007, No. 13552

[155] Feenstra R. C., Wei S. J. *Introduction to China's Growing Role in World Trade* [C]. Feenstra R. C., S. J. Wei eds.. *China's Growing Role in World Trade* [M]. The University of Chicago Press, 2010

[156] Feenstra R. C., Robert C. *Integration of Trade and Disintegration of Production in the Global Economy* [J]. The Journal of Economy Perspectives, 1998, 12 (4): 31–50.

[157] Gereffi G. *International Trade and Industrial Upgrading in The Apparel Commodity Chain* [J]. Journal of lnternational Economics, 1999, 1 (48): 37–70.

[158] Gereffi G., Humphrey J., Sturgeon T. *The Governance of Global Value Chains* [J]. Review of International Political Economy, 2005, 12 (1): 78–104

[159] Gefeffi G., Korzeniewicz M. *Commodity Chains and Global Capitalism* [M]. Westport: Praeger, 1994

[160] Gereffi, G. *Shifting Governance Structures in Global Comodity Chains, with Special Reference to the Internet* [J]. American Behavior Scientist, 2001, 44 (10): 1616–1637

[161] Gefeffi, G. *A Comodity Chains Framework for Analying Global Industries* [J]. Working Paper for IDS, 1999b

[162] Graves, A. *Innovationina GlobaliZing Industry: The Case of Automobiles* [C]. M. Dodgson and R. Rothwell (eds). The Handbook of Industrial Innovation. Aldershot: Edward Elgar, 1994

[163] Grossman G. M., Helpman E. *Product Development and International Trade* [J]. Journal of Political Economy, 1989, 97 (6): 1261–1283

[164] Grossman G. M., Helpman E. *Managerial Incentives and The International Organization of Production* [J]. Journal of International Economics, 2004, 63 (2): 237–262

[165] Grossman G. M., Helpman E. *Outsourcing in A Global Economy* [J]. The Review of Economic Studies, 2005, 72 (1): 135–159

[166] Gorg H., Hanley A., Strobl E. *Productivity Effects of International Outsourcing: Evidence from Plant–Level Data* [J]. Canadian Journal of Economics, 2008, 41 (2): 670–688

[167] Head K., Ries J., Spencer B. J. *Vertical Networks and US Auto Parts Exports: Is Japan Different?* [J]. Journal of Economics & Management Strategy, 2004. 13 (1): 37–67

[168] Hobday M. *Innovation in East Asia: the Challenge to Japan* [M]. Cheltenham: Edward Elgar, 1995

[169] Hummels D., Ishii J., Yi K. *The Nature and Growth of Vertical Specialization in World Trade* [J]. Journal of International Economics, 2001, 54 (1): 75–96

[170] Hummels D., et al. *The Wage and Employment Effects of Outsourcing: Evidence from Danish Matched Worker–Firm Data* [J]. Working Paper, 2009

[171] Humphrey J., Schmitz H. *Governance and Upgrading: Linking Industrial Cluster and Global Value Chains Research* [J]. IDS Working Paper, No. 12, Institute of Development Studies University of Sussex, 2000

[172] Ishii J., Yi K. M. *The Nature and Growth of World Trade* [R]. Federal Reserve Bank of New York Research Paper, 1997, No. 9718

[173] Jones R. W. *A Framework for Fragmentation* [R]. Tinbergen Institute,

2000

[174] Kaplinsk R., Readman J. *Globalization and Upgrading: What Can and Cannot Be Learnt from International Trade Statistics in the Wood Furniture Sector?* [R]. mimeo, Brighton, Centre for research in Innovation Managemant, University of Brighton and Institute of Development Studies, University of Sussex, Brighton, 2000

[175] Koopman R. *How Much of Chinese Exports is Really Made in China? Assessing Domestic Value – added When Processing Trade is Pervasive* [J]. American National Bureau of Economic Research Working Paper, 2008, No. 14109

[176] Kose M. A., Yi K. M. *International Trade and Business Cycles: Is Vertical Specialization the Missing Link?* [J]. The American Economic Review, 2001, 91 (2): 371 – 375

[177] Krugman P. *A Technology Gap Model of International Trade* [C]. In Krugman P. (ed.), Rethinking International Trade, MIT Press, 1994

[178] Krugman P., Venables A. *Globalization and the Inequality of Nation* [J]. Quarterly Journal of Economics, 1995, (12): 19 – 22

[179] Kuroiwa, I., Ozeki H. *Intra – regional Trade Between China, Japan, and Korea Before and After the Financial Crisis* [J]. IDE Discussion Paper, 2010, No. 237

[180] Lardy N. R. *The Role of Foreign Trade and Investment in China's Economic Transformation* [J]. The China Quarterly, 1995, 144: 1065 – 1082

[181] Lau Antonioa K. W., Yam R., Tang E. *The Impacts of Product Modularity on Competitive Capabilities and Performance: An Empirical Study* [J]. International Journal of Production Economics, 2007, 105 (1): 1 – 20

[182] Lau Antonio K. W., Richard C. M., Tang E. *The Complementarity of Internal Integration and Product Modularity: An Empirical Study of Their Interaction Effect on Competitive Capabilities* [J]. Journal of Engineering and Technology Management, 2009, 26 (4): 305 – 326

[183] Lemoine F., Unal – Kesenei D. *Assembly Trade and Teleology Transfer: The Case of China* [J]. World Development, 2004, 32 (5): 829 – 850

[184] Marin D., Verdier T.. *Globalization and the New Enterprise* [J]. Jour-

nal of the European Economic Association, 2003, 1 (2 - 3): 337 - 344

[185] Meng B., Yamano N., Webb. C. *Vertical Specialization Indicator Based on Activities of US Multinationals* [J]. American Economic Journal: Economic Policy, 2009, 1 (1): 181 - 203

[186] Ng F., Yeats A. *Production Sharing in East Asia: Who Does What for Whom, and Why?* [M]. Springer US, 2001

[187] Ng F., Yeats A. *Major Trade Trends in Asia — What are Implications for Regional Cooperation and Growth* [J]. World Bank Policy Research Working Paper 2003, No. 3084

[188] Oxford Economics and Signal Group. *The China Effect: Assessing The Impact on The US Economy of Trade and Investment with China* [R]. 2006

[189] Pack H., Saggi, K. *Vertical Technology Transfer via International Outsourcing* [J]. Journal of Development Economics, 2001, 65 (2): 389 - 415

[190] Rodrik D. *What Is So Special about China's Exports?* [J]. China and World Economy, 2006, 14 (5): 1 - 19

[191] Sanyal K. K., Jones R. W. *The Theory of Trade in Middle Products* [J]. Political Economy, 1982: 16 - 31

[192] Schott P. K. *The Relative Sophistication of Chinese Exports* [J]. Economic Policy, 2008, (1): 5 - 49

[193] Schmitz H., Knorring P. *Learning form Global Buyers* [J]. Journal of Development Studies, 2000, 37 (2): 177 - 205

[194] Schmitz H. *Local Upgrading in Global Value Chains: Recent Findings* [R]. Paper to Be Presented at the Druid Summer Conferenee, 2004

[195] Spencer B. J., Qiu L. D. *Keiretsu and Relationship - Specific Investment: A Barrier To Trade?* [J]. International Economic Review, 2001, 42 (4): 871 - 901

[196] Sandholm M. *High Tech Exports from Developing Countries: A Symptom of Technology Spurts or Statistical Illusion?* [J]. Review of World Economics, 2007, 143 (2): 227 - 255

[197] Wang Z., Wei S. J. *What Accounts for the Rising Sophistication of China Exports?* [J]. NBER Working Paper, 2008, No. 13771

[198] Xu B., Lu J. Y. *Foreign Direct Investment, Processing Trade, and China's Export Sophistication* [J]. China – Europe International Business School Working Paper, 2008

[199] Yi K. M. *Can Vertical Specialization Explain the Growth of World Trade?* [J]. Journal of Political Economy, 2003, 111 (1): 52 – 102

[200] Yeats A. *Just How Big is Global Production Sharing* [M]. World Bank, Development Research Group, 1998

致　　谢

本书在写作过程中得到了许多人的帮助。

深深感谢我的导师唐宜红教授。作为院长，她平日工作繁忙，但这丝毫没有影响她严谨的治学态度和浓厚的学术热情。无论多忙，唐老师都耐心听取我的学习情况汇报，从基础理论的学习，到本书的选题，再到写作、修改和定稿，我的整个学习过程都倾注了唐老师的心血。在本书写作的关键阶段，唐老师常常帮我指导到凌晨，即使对文字内容的修改也一字一句地反复推敲。这种学术精神感染并鞭策着我，支撑我不断坚持研究，完成本书的写作。除学习之外，在生活和工作方面唐老师也给了我很多关怀和帮助，鼓励我、安慰我、指导我不断进步。

感谢贺培教授、张晓涛教授、金哲松教授、张碧琼教授、张艳老师、杨武老师、吴江老师等在本书的选题及写作过程中给予的建议和指导。感谢林发勤老师、李兵老师和符大海老师，他们在本书的实证方法方面提出了许多宝贵的建议和修改意见，帮助我完善了本书的研究方法。

感谢我的同窗好友阿不来提、杜兴荣、高云龙、任保显、梁滢、林文凤在日常学习和生活中的关心和帮助，我们一起上课、备考、研讨、聚会的点点滴滴，都使我终身难忘。还要感谢张晗、侯佳、王文晓、张彰、韩平平、刘东强、樊琪等同学，在本书写作过程中给予的鼓励和帮助。

特别感谢我的家人，感谢他们在我出国进修和学习紧张时，在生活中给予的理解和支持。思绪打开，美好光景就像电影胶片一样清晰重现，有太多没有提到的老师、同学、朋友在我人生重要的阶段给予我前行的力量，在此一并感谢。

王尧
2016 年 6 月